PRISMA Chemie 3

Rheinland-Pfalz 7–10

Paul Gietz
Marc Jacobi
Wencke Lehmacher
Ingrid Wald-Schillings

Ernst Klett Verlag
Stuttgart · Leipzig

So lernst du mit PRISMA

Damit du dich schneller in deinem Buch zurechtfindest,
gibt es hier eine kurze Einführung.

Die Einstiegsseiten
führen mit spannenden Fragen
und interessanten Bildern in ein
neues Thema ein.

Der Prisma-Code
führt zu Materialien im Internet.

Arbeitsblätter
erkennst du am Schwarz-Weiß-Druck.

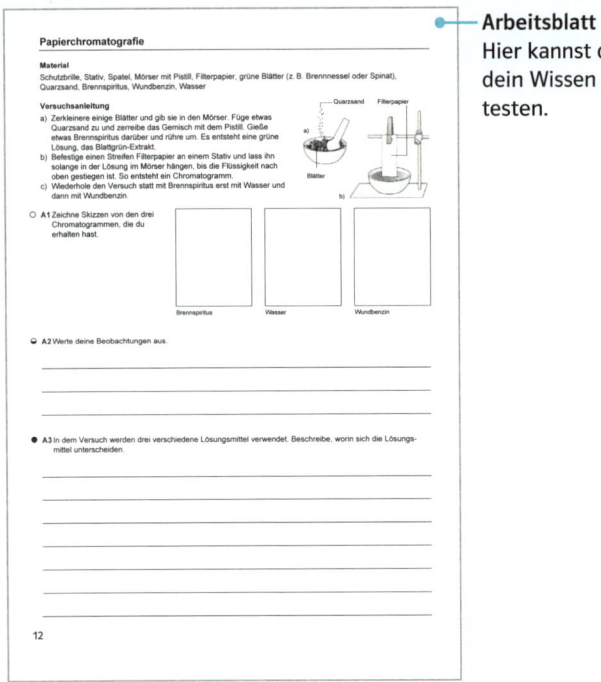

Arbeitsblatt
Hier kannst du
dein Wissen
testen.

Basiskonzept-Seiten, Abschluss-Seiten und Extra-Seiten
erkennst du an der Farbhinterlegung.

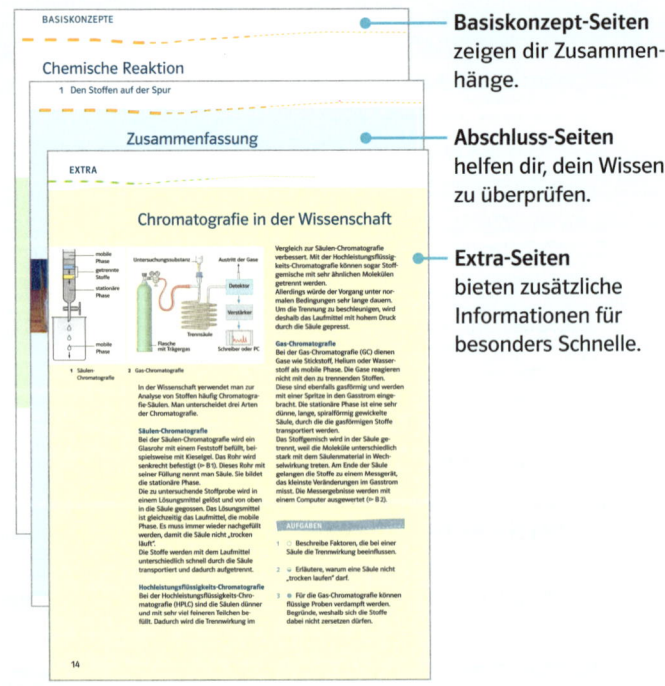

Basiskonzept-Seiten
zeigen dir Zusammen-
hänge.

Abschluss-Seiten
helfen dir, dein Wissen
zu überprüfen.

Extra-Seiten
bieten zusätzliche
Informationen für
besonders Schnelle.

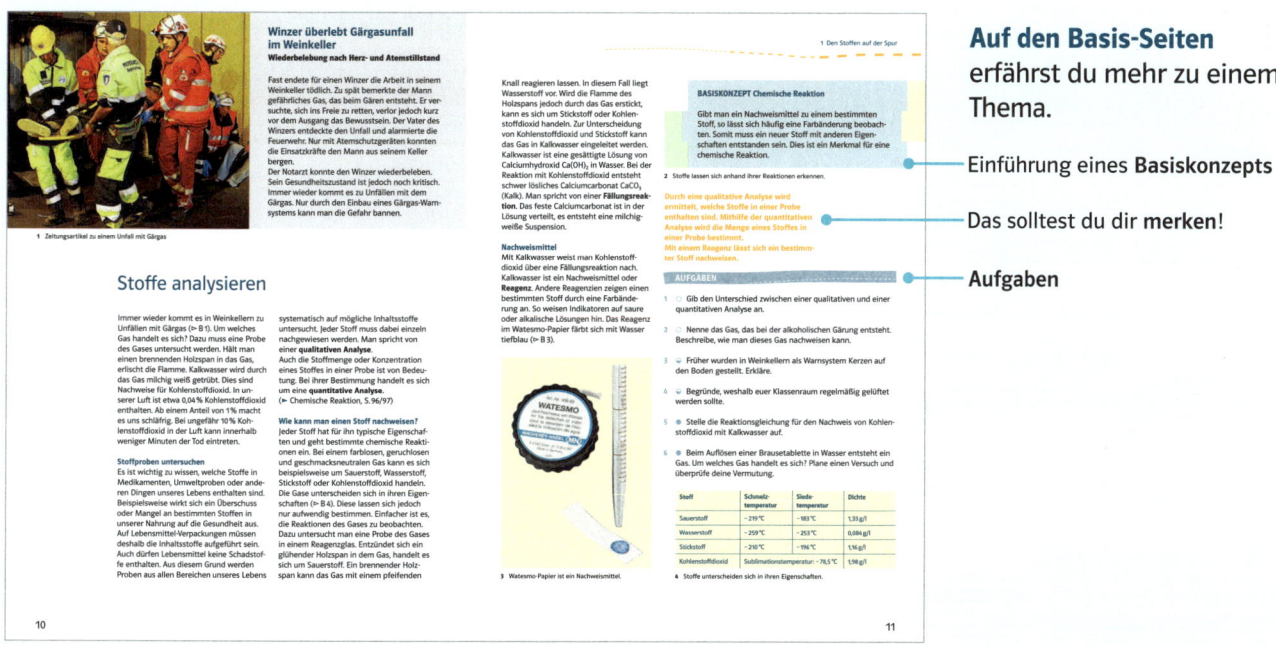

Auf den Basis-Seiten
erfährst du mehr zu einem
Thema.

Einführung eines **Basiskonzepts**

Das solltest du dir **merken**!

Aufgaben

Symbole im Buch

1 Schülerversuch: Auch die Schülerversuche darfst du nur auf Anweisung der Lehrkraft durchführen. Die allgemeinen Hinweise zur Vermeidung von Unfällen beim Experimentieren müssen bekannt sein.

1^L Lehrerversuch

! Gefahrenhinweis: Hier müssen besondere Vorsichtsmaßnahmen getroffen werden.

 Super!

Wenn du noch Fragen hast, dann schau auf dieser Seite nach.

▷ B 2 Bildverweis
► Verweis auf ein Basiskonzept oder eine andere Seite

Aufgaben:

○ einfach
◒ mittel
● schwer

Zusatzangebote im Internet:

Auf den Einstiegsseiten im Buch findest du Prisma-Codes.

🌐 y3g23b

Diese Codes führen dich zu weiteren Informationen, Materialien oder Übungen im Internet. Gib den Code einfach in das Suchfeld auf **www.klett.de** ein.

Einführung eines Basiskonzepts

Inhalt

Sicherheit beim Experimentieren

Verhaltensregeln im Fachraum Chemie

Im vorausgegangenen Chemieunterricht hast du schon einige Versuche durchgeführt. Sie sind zwar interessant und machen Spaß, aber einige Versuche sind nicht ganz ungefährlich. Damit du dich und deine Mitschülerinnen und Mitschüler bei einem Versuch nicht verletzt, musst du dich genau an einige Sicherheitsregeln halten:

- Der Fachraum Chemie darf nur zusammen mit einer Lehrkraft betreten werden.
- Mit Laborgeräten, Schaltungen, Anschlüssen und Chemikalien wird erst dann hantiert, wenn dazu aufgefordert wird.
- Im Fachraum Chemie wird nicht gegessen und getrunken.
- Lange Haare werden zusammengebunden.
- Beim Experimentieren mit dem Gasbrenner und auf Anweisung wird immer eine Schutzbrille getragen.

Das Tragen einer persönlichen Schutzausrüstung hilft, Verletzungen und Verschmutzungen beim Experimentieren zu vermeiden. Zum Schutz der Augen wird deshalb eine **Labor-Schutzbrille** getragen. Verätzungen der Hände können durch **Schutzhandschuhe** vermieden werden.

Die Verschmutzung der Kleidung verhindert ein **Kittel** oder eine andere **Schutzkleidung**.

Sicherheitseinrichtungen

Trotz Beachtens dieser Sicherheitsregeln kann beim Experimentieren mal etwas misslingen. Dann müssen Gefahren schnell gebannt werden. Deshalb verfügt der Fachraum Chemie über zahlreiche Sicherheitseinrichtungen:

- **NOT-AUS-Schalter**: Er unterbricht alle Strom- und Gaszuführungen, sobald er gedrückt wird. NOT-AUS-Schalter befinden sich neben den Türen und am Lehrerpult.
- **Feuerlöscher**: Zum Löschen von kleinen Bränden ist ein Feuerlöscher vorhanden. Er sollte aber nicht zum Löschen von Personen eingesetzt werden.
- **Feuerlöschdecke**: Für den Fall, dass die Kleidung einer Mitschülerin oder eines Mitschülers Feuer fängt, liegt eine Feuerlöschdecke bereit. Der Umgang mit ihr sollte einmal geübt werden.
- **Augendusche**: Sie dient dazu, Spritzer oder kleine Fremdkörper aus dem Auge auszuwaschen.
- **Erste-Hilfe-Kasten**: Er enthält Verbandsmaterial für kleinere Verletzungen.
- **Telefon (Notruf)**: In einem Notfall kann über die Telefonnummern 110 (Polizei) und 112 (Feuerwehr) schnell Hilfe herbeigeholt werden.

Gefahrstoffe sind gekennzeichnet

In den Versuchen im Chemieunterricht wirst du viele verschiedene Chemikalien verwenden. Einige davon können **Gefahrstoffe** sein, die besonders gekennzeichnet sind und dadurch sofort als Gefahrstoffe auffallen. Alle wichtigen Informationen zu einem Stoff finden sich auf dem **Etikett** des Chemikalien-Gefäßes (▷ B 1).
Es enthält folgende Angaben für den Umgang mit dem Stoff:

Name des Stoffes

Piktogramme

Methanol (Lösungsmittel)
(Index-Nr. 603-001-00-X)

Flüssigkeit und Dampf leicht entzündbar.
Giftig bei Verschlucken.
Giftig bei Hautkontakt.
Giftig bei Einatmen.
Schädigt die Augen – Entzündungsgefahr.

H-Sätze

Von Hitze/Funken/offener Flamme/heißen Oberflächen fernhalten.
An einem gut belüfteten Ort lagern. Behälter dicht verschlossen halten.
Schutzhandschuhe/Schutzkleidung tragen.
Bei Berührung mit der Haut: Mit reichlich Wasser und Seife waschen.
Bei Verschlucken: Sofort Giftinformationszentrum oder Arzt rufen.
Unter Verschluss lagern.

P-Sätze

500 ml   **Gefahr**

Signalwort

Musterfirma, 11111 Musterstadt, Tel. 049 (0) 123 456 789-99

1 Chemikalien-Etikett mit Gefahrenhinweisen

– Gefahrenpiktogramme
– Signalwörter
– Gefahrenhinweise
– Sicherheitshinweise

Gefahrenpiktogramme

Die neun Gefahrenpiktogramme (► S.105) ermöglichen eine schnelle Information über die Hauptgefahr eines Stoffes. So lässt sich z. B. auf den ersten Blick erkennen, ob ein Stoff ätzend, umweltgefährdend, explosiv oder feuergefährlich ist, oder ob von ihm eine Gesundheitsgefahr ausgeht.

Signalwörter

Signalwörter geben Auskunft über das Ausmaß der Gefährdung durch diesen Stoff. Es gibt zwei unterschiedliche Signalwörter: „Gefahr" wird für schwerwiegende, „Achtung" für weniger schwerwiegende Gefahren verwendet.

Gefahrenhinweise und Sicherheitshinweise

Gefahrstoffe können z. B. gesundheitsgefährdend sein und durch Einatmen, Verschlucken oder sogar durch die Haut in den Körper gelangen (▷ B 2). Deshalb weisen Gefahrenhinweise auf besondere Gefahren beim Umgang mit einem Gefahrstoff hin. Sie sind in **H-Sätzen** zusammengefasst. So bedeutet z. B. H 301: Giftig bei Verschlucken. Die Sicherheitshinweise sind in den **P-Sätzen** zusammengefasst. Sie geben Ratschläge für den sicheren und sachgerechten Umgang mit einem Gefahrstoff, z. B. P 312: Bei Unwohlsein Giftinformationszentrum oder Arzt anrufen. Mit Gefahrstoffen musst du nicht nur vorsichtig umgehen. Auch die richtige Entsorgung von Gefahrstoffen nach dem Experimentieren ist wichtig (► S.103).

Im Fachraum Chemie müssen die allgemeinen Sicherheitsregeln zum sicheren Experimentieren befolgt werden. Sicherheitseinrichtungen im Fachraum sind der NOT-AUS-Schalter, der Feuerlöscher, die Feuerlöschdecke, die Augendusche, der Erste-Hilfe-Kasten und ein Telefon für Notrufe. Gefahrstoffe sind durch Gefahrenpiktogramme gekennzeichnet. H-Sätze informieren über besondere Gefahren. P-Sätze geben Ratschläge für den sicheren und sachgerechten Umgang.

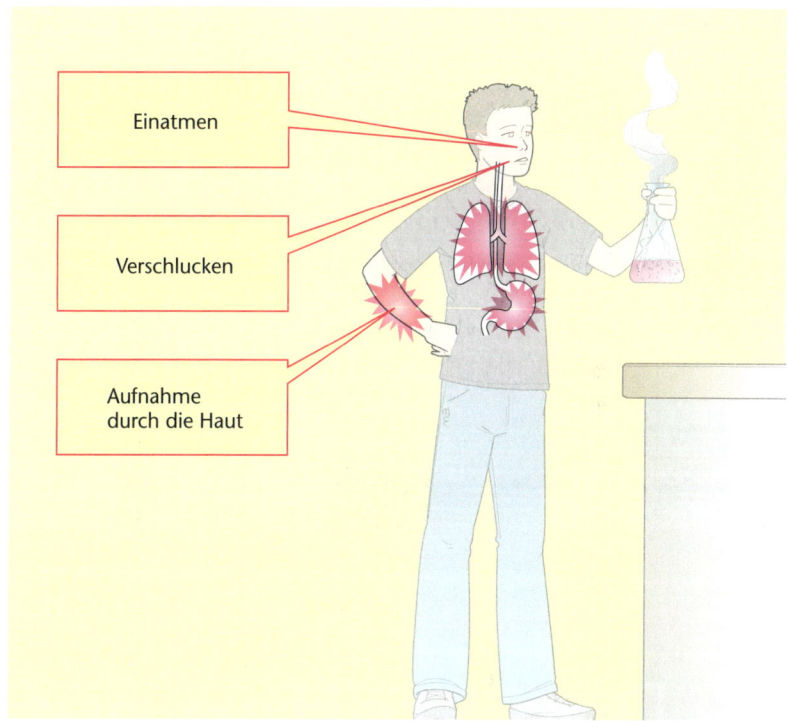

Einatmen

Verschlucken

Aufnahme durch die Haut

2 Aufnahmewege von Gefahrstoffen

AUFGABEN

1 ○ Nenne Gründe für das Aufstellen besonderer Verhaltensregeln im Fachraum Chemie.

2 ○ Auf einem Chemikalienetikett können unterschiedliche Signalwörter angegeben sein. Nenne diese und beschreibe, worin sie sich unterscheiden.

3 ◖ Erläutere die besondere Bedeutung der Gefahrenpiktogramme.

4 ◖ Beschreibe, wie Sicherheits- und Gefahrenhinweise auf einem Etikett angegeben werden.

5 ● Formuliere eine Vermutung, warum der Feuerlöscher nicht zum Löschen von Personen eingesetzt werden sollte.

1 Den Stoffen auf der Spur

- Welche Nachweise für Stoffe kennst du schon?

- Was enthält ein Universalindikator?

- Warum werden Nahrungsmittel untersucht?

- Welche Ionen sind in Mineralwasser enthalten?

- Wie kannst du das Volumen einer Flüssigkeit abmessen?

1 Zeitungsartikel zu einem Unfall mit Gärgas

Stoffe analysieren

Immer wieder kommt es in Weinkellern zu Unfällen mit Gärgas (▷ B1). Um welches Gas handelt es sich? Dazu muss eine Probe des Gases untersucht werden. Hält man einen brennenden Holzspan in das Gas, erlischt die Flamme. Kalkwasser wird durch das Gas milchig weiß getrübt. Dies sind Nachweise für Kohlenstoffdioxid. In unserer Luft ist etwa 0,04 % Kohlenstoffdioxid enthalten. Ab einem Anteil von 1 % macht es uns schläfrig. Bei ungefähr 10 % Kohlenstoffdioxid in der Luft kann innerhalb weniger Minuten der Tod eintreten.

Stoffproben untersuchen

Es ist wichtig zu wissen, welche Stoffe in Medikamenten, Umweltproben oder anderen Dingen unseres Lebens enthalten sind. Beispielsweise wirkt sich ein Überschuss oder Mangel an bestimmten Stoffen in unserer Nahrung auf die Gesundheit aus. Auf Lebensmittel-Verpackungen müssen deshalb die Inhaltsstoffe aufgeführt sein. Auch dürfen Lebensmittel keine Schadstoffe enthalten. Aus diesem Grund werden Proben aus allen Bereichen unseres Lebens

systematisch auf mögliche Inhaltsstoffe untersucht. Jeder Stoff muss dabei einzeln nachgewiesen werden. Man spricht von einer **qualitativen Analyse**.
Auch die Stoffmenge oder Konzentration eines Stoffes in einer Probe ist von Bedeutung. Bei ihrer Bestimmung handelt es sich um eine **quantitative Analyse**.
(► Chemische Reaktion, S. 96/97)

Wie kann man einen Stoff nachweisen?

Jeder Stoff hat für ihn typische Eigenschaften und geht bestimmte chemische Reaktionen ein. Bei einem farblosen, geruchlosen und geschmacksneutralen Gas kann es sich beispielsweise um Sauerstoff, Wasserstoff, Stickstoff oder Kohlenstoffdioxid handeln. Die Gase unterscheiden sich in ihren Eigenschaften (▷ B4). Diese lassen sich jedoch nur aufwendig bestimmen. Einfacher ist es, die Reaktionen des Gases zu beobachten. Dazu untersucht man eine Probe des Gases in einem Reagenzglas. Entzündet sich ein glühender Holzspan in dem Gas, handelt es sich um Sauerstoff. Ein brennender Holzspan kann das Gas mit einem pfeifenden

Knall reagieren lassen. In diesem Fall liegt Wasserstoff vor. Wird die Flamme des Holzspans jedoch durch das Gas erstickt, kann es sich um Stickstoff oder Kohlenstoffdioxid handeln. Zur Unterscheidung von Kohlenstoffdioxid und Stickstoff kann das Gas in Kalkwasser eingeleitet werden. Kalkwasser ist eine gesättigte Lösung von Calciumhydroxid Ca(OH)$_2$ in Wasser. Bei der Reaktion mit Kohlenstoffdioxid entsteht schwer lösliches Calciumcarbonat CaCO$_3$ (Kalk). Man spricht von einer **Fällungsreaktion**. Das feste Calciumcarbonat ist in der Lösung verteilt, es entsteht eine milchigweiße Suspension.

Nachweismittel

Mit Kalkwasser weist man Kohlenstoffdioxid über eine Fällungsreaktion nach. Kalkwasser ist ein Nachweismittel oder **Reagenz**. Andere Reagenzien zeigen einen bestimmten Stoff durch eine Farbänderung an. So weisen Indikatoren auf saure oder alkalische Lösungen hin. Das Reagenz im Watesmo-Papier färbt sich mit Wasser tiefblau (▷ B 3).

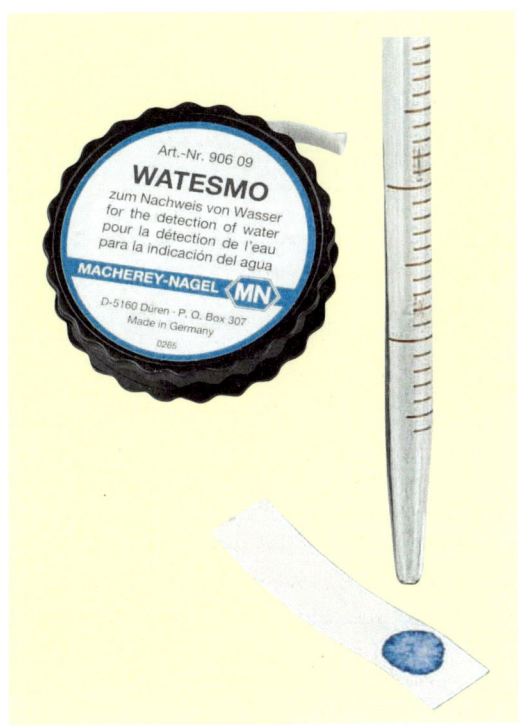

3 Watesmo-Papier ist ein Nachweismittel.

2 Stoffe lassen sich anhand ihrer Reaktionen erkennen.

Durch eine qualitative Analyse wird ermittelt, welche Stoffe in einer Probe enthalten sind. Mithilfe der quantitativen Analyse wird die Menge eines Stoffes in einer Probe bestimmt.
Mit einem Reagenz lässt sich ein bestimmter Stoff nachweisen.

AUFGABEN

1 ○ Gib den Unterschied zwischen einer qualitativen und einer quantitativen Analyse an.

2 ○ Nenne das Gas, das bei der alkoholischen Gärung entsteht. Beschreibe, wie man dieses Gas nachweisen kann.

3 ◓ Früher wurden in Weinkellern als Warnsystem Kerzen auf den Boden gestellt. Erkläre.

4 ◓ Begründe, weshalb euer Klassenraum regelmäßig gelüftet werden sollte.

5 ● Stelle die Reaktionsgleichung für den Nachweis von Kohlenstoffdioxid mit Kalkwasser auf.

6 ● Beim Auflösen einer Brausetablette in Wasser entsteht ein Gas. Um welches Gas handelt es sich? Plane einen Versuch und überprüfe deine Vermutung.

Stoff	Schmelztemperatur	Siedetemperatur	Dichte
Sauerstoff	– 219 °C	– 183 °C	1,33 g/l
Wasserstoff	– 259 °C	– 253 °C	0,084 g/l
Stickstoff	– 210 °C	– 196 °C	1,16 g/l
Kohlenstoffdioxid	Sublimationstemperatur: – 78,5 °C		1,98 g/l

4 Stoffe unterscheiden sich in ihren Eigenschaften.

Papierchromatografie

Material

Schutzbrille, Stativ, Spatel, Mörser mit Pistill, Filterpapier, grüne Blätter (z. B. Brennnessel oder Spinat), Quarzsand, Brennspiritus, Wundbenzin, Wasser

Versuchsanleitung

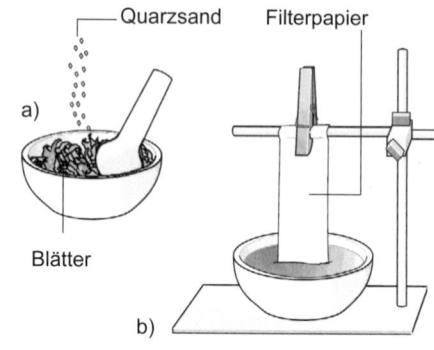

a) Zerkleinere einige Blätter und gib sie in den Mörser. Füge etwas Quarzsand zu und zerreibe das Gemisch mit dem Pistill. Gieße etwas Brennspiritus darüber und rühre um. Es entsteht eine grüne Lösung, das Blattgrün-Extrakt.

b) Befestige einen Streifen Filterpapier an einem Stativ und lass ihn solange in der Lösung im Mörser hängen, bis die Flüssigkeit nach oben gestiegen ist. So entsteht ein Chromatogramm.

c) Wiederhole den Versuch statt mit Brennspiritus erst mit Wasser und dann mit Wundbenzin.

○ **A1** Zeichne Skizzen von den drei Chromatogrammen, die du erhalten hast.

Brennspiritus

Wasser

Wundbenzin

◐ **A2** Werte deine Beobachtungen aus.

_____

_____

_____

● **A3** In dem Versuch werden drei verschiedene Lösungsmittel verwendet. Beschreibe, worin sich die Lösungsmittel unterscheiden.

_____

_____

_____

_____

_____

_____

⊙ Chromatografie

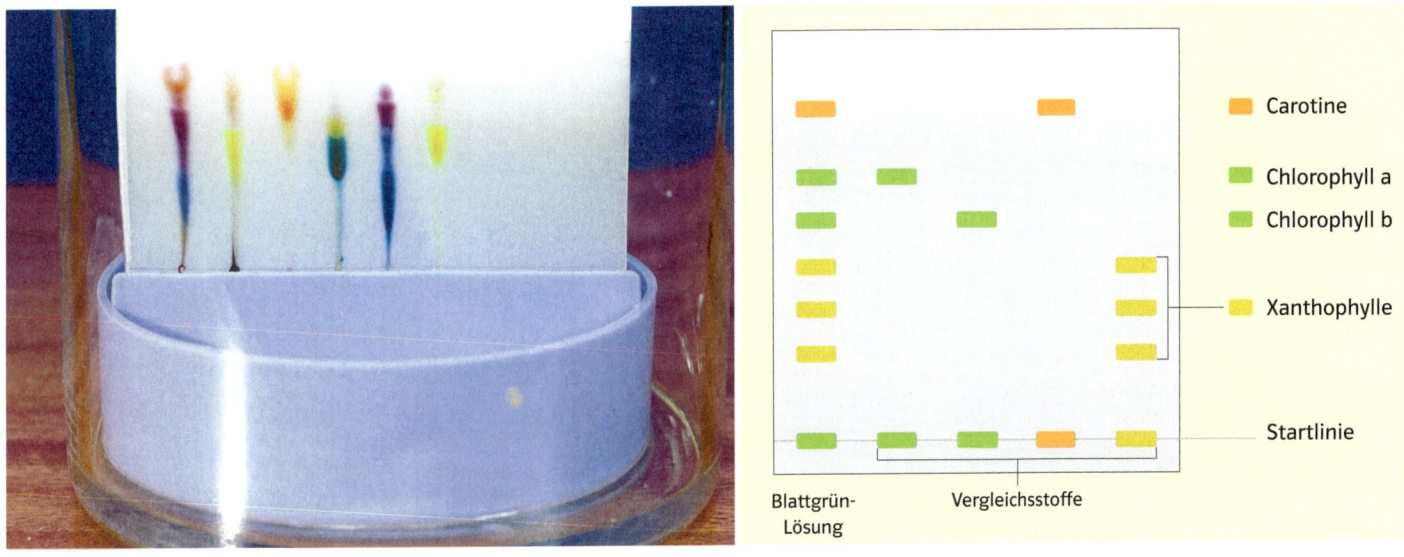

1 Papierchromatografie von sechs verschiedenen Proben

2 Chromatogramm einer Blattgrün-Lösung

Carotine

Chlorophyll a

Chlorophyll b

Xanthophylle

Startlinie

Blattgrün-Lösung

Vergleichsstoffe

Proben sind oft Stoffgemische. Viele davon können mithilfe einer **Chromatografie** getrennt werden. Anschließend werden die einzelnen Stoffe analysiert. Durch Vergleich mit bekannten Stoffen können die Stoffe einer unbekannten Probe sogar direkt identifiziert werden.

Papierchromatografie

Bei der Papierchromatografie wird die Probe zunächst in einem Lösungsmittel gelöst. Einen Tropfen der Lösung gibt man auf einen Papierstreifen und lässt das Lösungsmittel trocknen. Nun stellt man den Papierstreifen in eine Trennkammer mit einem flüssigen **Laufmittel** (▷ B 1). Der Probentropfen darf dabei nicht in das Laufmittel eintauchen. Das Papier saugt das Laufmittel an. Die Laufmittelfront wandert über die Probe hinweg und löst die einzelnen Stoffe der Probe. Da das Laufmittel sich mit den gelösten Stoffen bewegt, nennt man es auch **mobile Phase**. Die unbewegliche Oberfläche des Papiers bildet eine **stationäre Phase**. Je schwächer der Stoff an der stationären Phase haftet, desto schneller und weiter wird er über das Papier transportiert. Der Vorgang wird

abgebrochen, sobald die Laufmittelfront zum Rand des Papierstreifens gelangt. Sind die Stoffe farbig, sieht man getrennte Farbzonen. Farblose Stoffe werden mit einem passenden Nachweisreagenz besprüht und dadurch eingefärbt. Die verschiedenen Farbzonen können nun mithilfe von Vergleichsstoffen bestimmten Stoffen zugeordnet werden (▷ B 2).
(► Stoff und Teilchen, S. 88/89)

Die Chromatografie ist ein Trennverfahren für Stoffgemische. Dabei werden Stoffe unterschiedlich schnell mit einem Laufmittel über eine feste Oberfläche transportiert.

AUFGABEN

1 ○ Beschreibe, wie man Stoffe chromatografisch identifizieren kann.

2 ◐ Interpretiere das Chromatogramm in Bild 2.

3 ● Plane einen Versuch zur Identifizierung der Farbstoffe in einem schwarzen Filzstift. Nenne Eigenschaften, die das Laufmittel erfüllen muss.

Chromatografie in der Wissenschaft

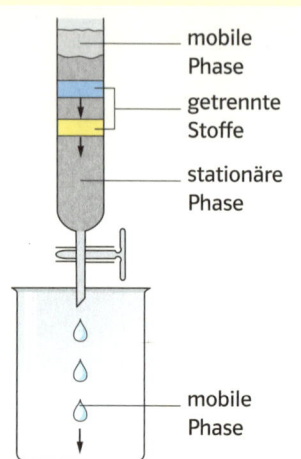

mobile Phase

getrennte Stoffe

stationäre Phase

mobile Phase

1 Säulen-Chromatografie

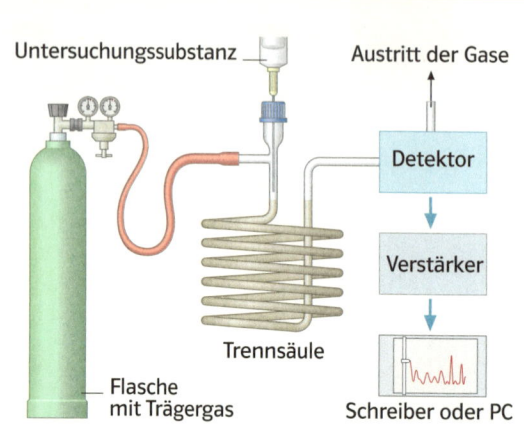

Untersuchungssubstanz

Austritt der Gase

Detektor

Verstärker

Trennsäule

Flasche mit Trägergas

Schreiber oder PC

2 Gas-Chromatografie

In der Wissenschaft verwendet man zur Analyse von Stoffen häufig Chromatografie-Säulen. Man unterscheidet drei Arten der Chromatografie.

Säulen-Chromatografie

Bei der Säulen-Chromatografie wird ein Glasrohr mit einem Feststoff befüllt, beispielsweise mit Kieselgel. Das Rohr wird senkrecht befestigt (▷ B1). Dieses Rohr mit seiner Füllung nennt man Säule. Sie bildet die stationäre Phase.
Die zu untersuchende Stoffprobe wird in einem Lösungsmittel gelöst und von oben in die Säule gegossen. Das Lösungsmittel ist gleichzeitig das Laufmittel, die mobile Phase. Es muss immer wieder nachgefüllt werden, damit die Säule nicht „trocken läuft".
Die Stoffe werden mit dem Laufmittel unterschiedlich schnell durch die Säule transportiert und dadurch aufgetrennt.

Hochleistungsflüssigkeits-Chromatografie

Bei der Hochleistungsflüssigkeits-Chromatografie (HPLC) sind die Säulen dünner und mit sehr viel feineren Teilchen befüllt. Dadurch wird die Trennwirkung im Vergleich zur Säulen-Chromatografie verbessert. Mit der Hochleistungsflüssigkeits-Chromatografie können sogar Stoffgemische mit sehr ähnlichen Molekülen getrennt werden.
Allerdings würde der Vorgang unter normalen Bedingungen sehr lange dauern. Um die Trennung zu beschleunigen, wird deshalb das Laufmittel mit hohem Druck durch die Säule gepresst.

Gas-Chromatografie

Bei der Gas-Chromatografie (GC) dienen Gase wie Stickstoff, Helium oder Wasserstoff als mobile Phase. Die Gase reagieren nicht mit den zu trennenden Stoffen. Diese sind ebenfalls gasförmig und werden mit einer Spritze in den Gasstrom eingebracht. Die stationäre Phase ist eine sehr dünne, lange, spiralförmig gewickelte Säule, durch die die gasförmigen Stoffe transportiert werden.
Das Stoffgemisch wird in der Säule getrennt, weil die Moleküle unterschiedlich stark mit dem Säulenmaterial in Wechselwirkung treten. Am Ende der Säule gelangen die Stoffe zu einem Messgerät, das kleinste Veränderungen im Gasstrom misst. Die Messergebnisse werden mit einem Computer ausgewertet (▷ B2).

AUFGABEN

1 ○ Beschreibe Faktoren, die bei einer Säule die Trennwirkung beeinflussen.

2 ◗ Erläutere, warum eine Säule nicht „trocken laufen" darf.

3 ● Für die Gas-Chromatografie können flüssige Proben verdampft werden. Begründe, weshalb sich die Stoffe dabei nicht zersetzen dürfen.

Analyse durch Flammenfärbung

Einige Stoffe verbrennen mit einer farbigen Flamme. Diese Eigenschaft kann man zur Analyse der Stoffe nutzen.

Material

Schutzbrille, Gasbrenner, Stativ, Doppelmuffe, Universalklemme, 7 Uhrgläser, Spatel, Kobaltglas, Magnesia-Stäbchen, Lithiumchlorid, Natriumchlorid, Kaliumchlorid, Rubidiumchlorid, Caesiumchlorid, Calciumchlorid, Bariumchlorid

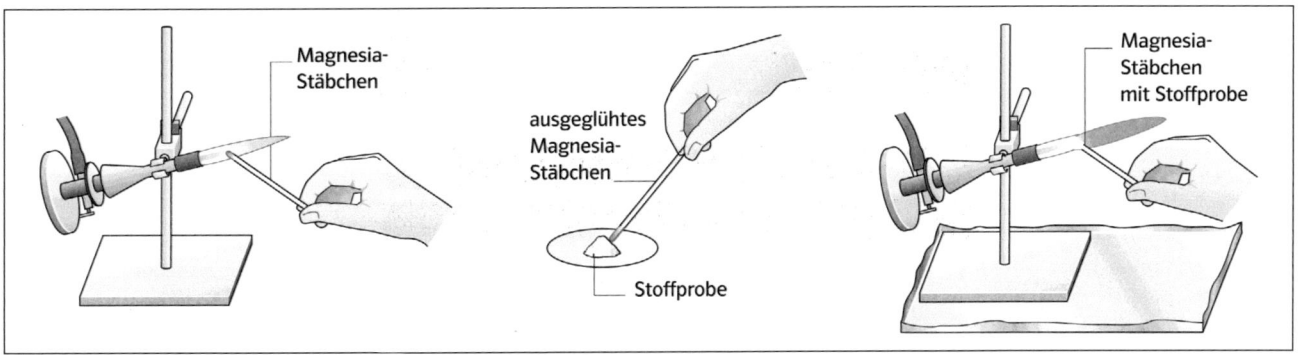

1 Magnesia-Stäbchen ausglühen   2 Magnesia-Stäbchen in die Probe tauchen   3 Probe in die Flamme halten

Versuchsanleitung

a) Spanne den Gasbrenner schräg im Stativ ein. Gib eine kleine Portion eines Stoffes auf ein Uhrglas. Glühe ein Magnesia-Stäbchen in der rauschenden Flamme so lange aus, bis es die Flamme nicht mehr färbt (Bild 1). Tauche das noch glühende Stäbchen in die Stoffprobe (Bild 2). Halte das Magnesia-Stäbchen mit dem Stoff in die Brennerflamme (Bild 3). Beobachte die Flamme. Betrachte die Flamme zusätzlich durch das Kobaltglas.
b) Brich von dem Magnesia-Stäbchen nach dem Abkühlen das verwendete Stück ab. Wiederhole den Versuch mit den übrigen Stoffen.

○ **A1** Trage deine Beobachtungen in die Tabelle ein.

Stoff	Lithium-chlorid	Natrium-chlorid	Kalium-chlorid	Rubidium-chlorid	Caesium-chlorid	Calcium-chlorid	Barium-chlorid
Flammen-farbe							
Flammen-farbe mit Kobaltglas							

● **A2** Betrachte die Namen der untersuchten Stoffe. Stelle eine Vermutung auf, welche Elemente in den Verbindungen die Flammenfärbung verursachen. Begründe deine Vermutung.

_____

_____

_____

_____

Stilles Mineralwasser

Kationen (in g/l)

Natrium Na$^+$ .... : 0,24

Calcium Ca^{2+} .... : 0,0027

Kalium K$^+$ .... : 0,048

Magnesium Mg^{2+} .... : 0,00067

Anionen (in g/l)

Hydrogencarbonat HCO$_3^-$: 0,32

Chlorid Cl$^-$ .... : 0,124

Sulfat SO$_4^{2-}$ .... : 0,0279

Fluorid F$^-$ .... : 0,00045

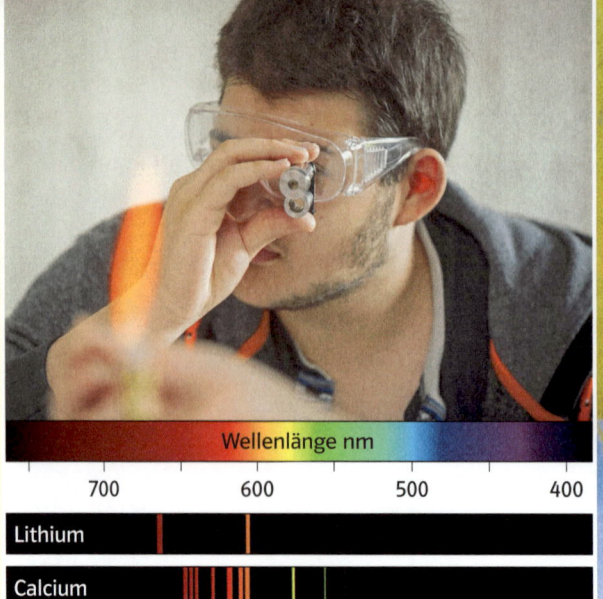

Wellenlänge nm

700   600   500   400

Lithium

Calcium

1 Etikett eines Mineralwassers

2 Linienspektren von Lithium und Calcium gesehen durch ein Handspektroskop

3 Nachweis von Blei-Ionen mit Iodid-Lösung

Nachweise von Ionen

Ionen sind überall

Salze spielen in unserem Alltag eine große Rolle. Sie kommen in der Umwelt und in Nahrungsmitteln vor und werden auch in der Industrie verwendet. In der Landwirtschaft nutzt man z.B. das Salz Kaliumnitrat zum Düngen. Salze sind aus Ionen aufgebaut. In Mineralwasser sind viele Ionen enthalten, die die Körperfunktionen beeinflussen (▷ B1). Im Labor werden Nahrungsmittel, Körperflüssigkeiten und Umweltproben auf bestimmte Ionen untersucht.

Ionennachweise durch Flammenfärbung

Die Ionen der Alkalimetalle und Erdalkalimetalle senden beim Erhitzen in der Brennerflamme farbiges Licht aus. Betrachtet man dieses Licht durch ein **Spektroskop**, sieht man einzelne farbige Lichtlinien (▷ B2). Diese **Spektrallinien** weisen die Metall-Ionen eindeutig nach.

Ionennachweise durch Fällungsreaktionen

In einer Probe können verschiedene Salze vorliegen. Deshalb werden die Proben zunächst gelöst, sodass Kationen und Anionen ungebunden vorliegen. Für jedes einzelne Ion gibt es ein bestimmtes Nachweisverfahren.

Silbernitrat-Lösung ist ein Reagenz für Chlorid-Ionen. Die Silber-Ionen verbinden sich mit den Chlorid-Ionen zu Silberchlorid. Das Salz ist schwer löslich und fällt als weißer Niederschlag aus. Blei-Ionen bilden bei Zugabe einer Kaliumiodid-Lösung ein schwer lösliches gelbes Salz (▷ B3). Unter einem Mikroskop erkennt man Bleiiodid-Kristalle, die eine typische Form aufweisen. (▶ Stoff und Teilchen, S. 88/89)

Die Ionen der Alkalimetalle und Erdalkalimetalle kann man durch Flammenfärbung nachweisen.
Manche Ionen bilden mit bestimmten Reagenzien schwer lösliche Salze, die als Nachweise für diese Ionen dienen.

AUFGABEN

1. ○ Nenne Ionen, die in Mineralwasser enthalten sind (▷ B1).

2. ◐ Erkläre, weshalb ein Linienspektrum genauer ist als eine Flammenfärbung.

3. ● Formuliere das Reaktionsschema und die Reaktionsgleichung für den Chlorid-Nachweis mit Silbernitrat AgNO$_3$.

Ionen und Salze

○ **A1** Salze sind aus Ionen aufgebaut. Erläutere, wie Salze genau entstehen.

_____

_____

_____

_____

_____

◐ **A2** Bei vielen Hauptgruppen-Elementen kann man anhand ihrer Stellung im Periodensystem die Ladung ihrer Ionen ermitteln. Metalle bilden positiv geladene Ionen (Kationen), indem sie ihre Außenelektronen abgeben. Dabei gibt die Nummer der Hauptgruppe die Ladungszahl der Ionen an. Die meisten Nichtmetalle bilden negativ geladene Ionen (Anionen), indem sie Elektronen in ihre Außenschale aufnehmen. Die Ladungszahl dieser Ionen berechnest du, indem du die Nummer der Hauptgruppe von 8 abziehst.
Die Tabelle zeigt die Bildung von Ionen am Beispiel unterschiedlicher Elemente. Fülle die Tabelle aus.

Name des Elements	Elektronen-schreibweise des Atoms	Anzahl der Außen-elektronen	Anzahl aufgenom-mener (+) oder abgegebener (–) Elektronen (e⁻)	Ladung des Ions	Ionen-schreibweise
Natrium (Na)	Na ·	1	$-1\,e^-$	+1	Na^+
Chlor (Cl)	· Cl |				
Magnesium (Mg)	Mg ·				
Aluminium (Al)	· Al ·				
Sauerstoff (O)	· O |				

● **A3** Gib an, welche Ionen in diesen Salzen enthalten sind und benenne die Salze.

Verhältnisformel	Kationen	Anionen	Name des Salzes
MgO	Mg^{2+}	O^{2-}	Magnesiumoxid
NaBr			
FeCl₃			
Al₂O₃			
CaF₂			

Kristallformen als Nachweise

Viele Salze bilden typische Kristallformen. Dies lässt sich als Nachweis für bestimmte Ionen nutzen.

Kristallbildung

Ionen reagieren mit entsprechenden Partnern zu schwer löslichen Salzen. Bei Fällungsreaktionen fallen diese Salze jedoch oft nicht kristallin aus, sondern als feines Pulver. Die typische Kristallform lässt sich dann nicht erkennen. Man muss die Fällungsreaktionen deshalb unter bestimmten Bedingungen durchführen, damit sich die Ionen zu größeren Kristallen anordnen. Viele Faktoren beeinflussen das Wachstum der Kristalle, beispielsweise das Lösungsmittel, die Konzentration der Ionen, aber auch Temperatur und Druck. Kristalle benötigen Zeit zum Wachsen und bilden in der Regel Kristallhaufen.

Kristalle unter dem Mikroskop

Mit einem Mikroskop lässt sich die Kristallform untersuchen. Dazu führt man die Fällungsreaktion zum Ionennachweis mit nur einem Tropfen direkt auf einem Objektträger durch.
Calcium-Ionen bilden mit Sulfat-Ionen nadelförmige Kristalle, die sich zu Büscheln vereinigen (▷ B1). Zum Nachweis gibt man verdünnte Schwefelsäure zu dem Probetropfen und lässt die Flüssigkeit dann langsam verdunsten. Strontium und Barium gehören zur gleichen Elementgruppe und reagieren ähnlich. Ihre Ionen bilden mit Sulfat-Ionen keine Kristalle, sondern nur einen feinen Niederschlag. Magnesium-Ionen bilden mit Ammoniumhydrogenphosphat Kristalle, die wie Sargdeckel aussehen (▷ B2). Natrium-Ionen bilden mit einer Uranylacetat-Lösung Kristalle in Form von Tetraedern (▷ B3). Für viele Ionen gibt es Versuchsanleitungen zur Bildung typischer Kristallformen. Zum Nachweis kann man die entstandenen Kristalle mit Bildern von Kristallen bekannter Ionenverbindungen vergleichen.

AUFGABEN

1 ◌ Nicht alle Fällungsreaktionen können für den Nachweis über die Kristallform genutzt werden. Begründe.

2 ◌ Schreibe ein Versuchsprotokoll zum Nachweis von Calcium-Ionen über ihre Kristalle.

3 ● Entwickle eine Methode zum Nachweis von Sulfat-Ionen anhand ihrer Kristallform.

1 Calciumsulfat

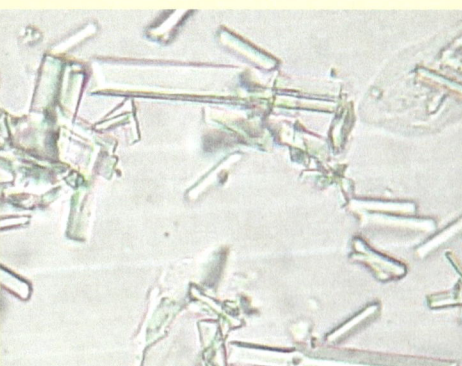
2 Ammoniummagnesiumphosphat

3 Natriumuranylacetat

Ionennachweise durch Fällungsreaktionen

Einige Ionen in wässrigen Lösungen lassen sich durch Fällungsreaktionen nachweisen.

Material

Schutzbrille, 6 Reagenzgläser, Reagenzglasgestell, Spatel, Natriumchlorid, Kaliumchlorid, Calciumchlorid, Kaliumbromid, Kaliumiodid, Silbernitrat-Lösung in einer Tropfflasche, destilliertes Wasser

Versuchsanleitung

a) Fülle in ein Reagenzglas etwas destilliertes Wasser und gib einen Tropfen Silbernitrat-Lösung hinzu. Wenn keine Trübung entsteht, ist es für die weiteren Versuche geeignet.

b) Gib in ein Reagenzglas einige Körnchen Natriumchlorid und löse sie in wenig destilliertem Wasser auf. Gib einen Tropfen Silbernitrat-Lösung hinzu.

c) Wiederhole den Versuch mit den anderen Salzen. Achtung, der Spatel muss immer sauber sein!

○ **A1** Trage deine Beobachtungen in die Tabelle ein.

Salz	Natriumchlorid NaCl	Kaliumchlorid KCl	Calciumchlorid $CaCl_2$	Kaliumbromid KBr	Kaliumiodid KI
Reaktion mit Silbernitrat					

◖ **A2** Werte deine Beobachtungen aus.

_____

_____

_____

_____

● **A3** Ergänze die Reaktionsgleichungen.

a) Natriumchlorid + Silbernitrat → Silberchlorid + Natriumnitrat

_____ + $AgNO_3$ → _____ + $NaNO_3$

b) Kaliumbromid + Silbernitrat → Silberbromid + Kaliumnitrat

KBr + _____ → _____ + _____

c) Calciumchlorid + Silbernitrat → _____ + _____

$CaCl_2$ + $2\,AgNO_3$ → _____ + _____

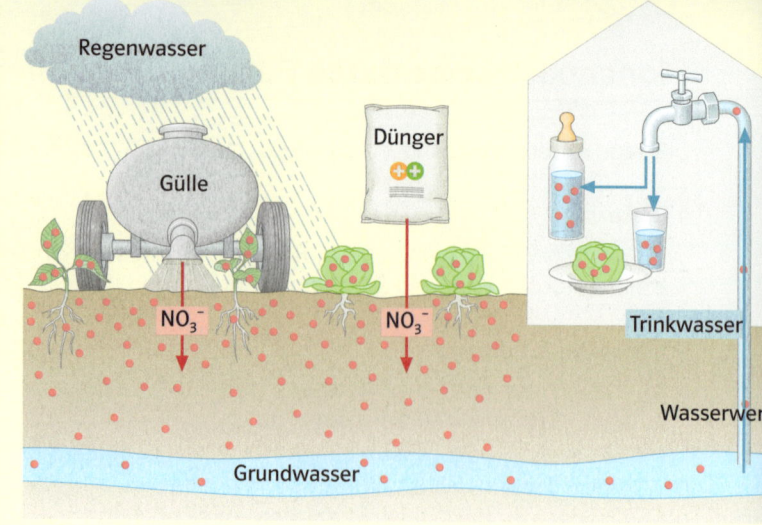

1 Einsatz eines Stickstoffdüngers

2 Nitrat kann in das Grundwasser gelangen.

Nitrate – nützlich und schädlich

Alle Lebewesen sind auf ihre Umwelt angewiesen. Für ihren Stoffwechsel nehmen sie Stoffe aus Boden, Wasser und Luft auf. Wissenschaftlerinnen und Wissenschaftler in den Bereichen Medizin, Chemie und Biologie erforschen den Weg der Stoffe in den Lebewesen und in der Umwelt. Wo reichern sich die Stoffe an? Wie wandeln sie sich um? Zeigen die Stoffe eine schädliche Wirkung? Gut erforscht ist zum Beispiel das **Nitrat-Ion NO_3^-**.

Nitrat in der Umwelt

Pflanzen benötigen für ihr Wachstum Stickstoff-Verbindungen. Sie sind unentbehrlich für den Aufbau von Eiweiß, Blattgrün und Enzymen. Die meisten Pflanzen nehmen Stickstoff in Form von Nitrat auf. Nitrat liegt im Wasser gelöst vor und kann über die Wurzeln in die Pflanze gelangen. Das Nitrat im Boden stammt meist aus abgestorbenen Pflanzen und Ausscheidungen oder Resten von Tieren. Es löst sich in Regenwasser und kann entweder von den Pflanzen aufgenommen werden, oder es gelangt ins Grundwasser (▷ B 2). Es liegt ein natürlicher Stoffkreislauf vor. Die landwirtschaftliche Nutzung beeinflusst diesen Kreislauf. Werden Pflanzen geerntet, entzieht man dem Boden

Mineralien. Um den Verlust an Stickstoff-Verbindungen auszugleichen und die Ernteerträge zu erhöhen, wird der Boden gedüngt (▷ B 1). Dazu verwendet man sowohl organischen Dünger wie Mist oder Gülle als auch Mineraldünger. Beide enthalten unter anderem Ammoniumsalze oder Nitrate.

Nitrat in Lebensmitteln

Viele unserer Lebensmittel enthalten Nitrat. Es gelangt auf natürlichem Weg in das Gemüse, weil Pflanzen Nitrat in ihren Zellen speichern. Je nach Pflanzenart ist mehr oder weniger Nitrat enthalten. Die höchsten Nitratgehalte weisen Salat und Blattgemüse auf (▷ B 3).

Nitrate dienen aber auch als Konservierungsmittel bei der Verarbeitung von Fleisch und Fisch (▷ B 4). Bei Schnittkäse verhindert es eine unerwünschte Gasbildung durch Buttersäurebakterien.

Für Lebensmittel, bei denen Nitrat als Zusatzstoff zugelassen ist, gelten Höchstwerte.

Quantitative Analyse von Nitrat

Zu viel Nitrat kann dem Körper schaden. Wenn ein Stoff eine schädliche Wirkung auf Organismen zeigt, bestimmen

Forscherinnen und Forscher die Menge des Stoffes, die vermutlich keinen Schaden verursacht. Gesetze und Verordnungen legen daraufhin Höchstwerte für die Belastung von Mensch und Umwelt fest. Man bezeichnet diese Werte als **Grenzwerte**. So ist nach der Trinkwasser-Verordnung vorgeschrieben, dass 1 Liter Trinkwasser höchstens 50 mg Nitrat enthalten darf.

Der **ADI-Wert** gibt die Menge eines Stoffes an, die ein Mensch täglich durch Lebensmittel aufnehmen kann, ohne seiner Gesundheit zu schaden. ADI steht für Acceptable Daily Intake und bedeutet ‚Erlaubte Tagesdosis'. Für Nitrat beträgt der ADI-Wert 3,7 mg pro kg Körpergewicht. Im Laufe eines Tages nehmen wir über die Nahrung zwischen 50 mg und 150 mg Nitrat zu uns. Ein gesunder Erwachsener kann bei einer Nitrat-Aufnahme von 100 bis 300 mg pro kg Körpergewicht sterben. Eine regelmäßige Kontrolle des Nitratgehalts in Lebensmitteln und Umweltproben ist daher notwendig.

Teststäbchen ermöglichen eine schnelle, aber nur ungefähre Bestimmung des Nitratgehalts. Mithilfe der **Fotometrie** lässt sich die Nitratkonzentration in Lösungen quantitativ bestimmen. Nitrat reagiert mit dem Reagenz Dimethylphenol zu einem Molekül, das Teile der UV-Strahlung aufnimmt. Man füllt diese Lösung in ein spezielles Glasgefäß und bestrahlt die Probe mit UV-Strahlung. Je mehr Nitrat in der Probe enthalten ist, desto weniger

4 Nitrat macht Fleisch und Wurst länger haltbar.

Strahlung gelangt durch die Probe hindurch. Mit dieser Methode kann man Nitrat ab einer Konzentration von 1 mg/l bestimmen. Dies ist hier die **Nachweisgrenze** für Nitrat.

Nitrat kommt in Pflanzen und in Düngemitteln vor. Auch in der Nahrung ist es enthalten. Zu viel Nitrat kann der Gesundheit schaden.

Ein Grenzwert ist ein gesetzlich festgelegter Höchstwert für einen Stoff. Er darf nicht überschritten werden. Er dient zum Schutz für Mensch und Umwelt.

AUFGABEN

1 ○ Beschreibe, wie Nitrat in unsere Nahrung gelangt.

2 ◓ Erläutere die Fachbegriffe „Grenzwert" und „Nachweisgrenze".

3 ◓ Berechne die Nitratmenge in Gramm, die ein 50 kg schwerer Mensch täglich mit der Nahrung aufnehmen darf, ohne dass seine Gesundheit Schaden nimmt.

4 ● Der Nitratgehalt innerhalb einer Gemüsesorte kann stark schwanken (▷ B 3). Begründe diese Tatsache.

5 ● Recherchiert in Gruppen zum Thema „Intensive Landwirtschaft – Intensive Düngung". Führt danach in der Klasse eine Podiumsdiskussion durch.

Gemüse	Nitratgehalt in mg pro kg Gemüse
Rosenkohl	7 – 12
Kartoffeln	35 – 200
Karotten	115 – 271
Zucchini	600 – 810
Kopfsalat	907 – 4674
Spinat	390 – 3383

3 Nitratgehalt in verschiedenen Gemüsesorten

Wasseruntersuchung mit den Sinnen

Material

Schutzbrille, Gasbrenner, mehrere Bechergläser, Objektträger, Mikroskop, Reagenzglashalter, Tropfpipette, weißes Papier, verschiedene Wasserproben (Leitungswasser, Mineralwasser, Teichwasser, Flusswasser oder andere), destilliertes Wasser

Versuchsanleitung

a) Fülle die Wasserproben in Bechergläser und vergleiche ihre Trübung und ihren Geruch. Halte dabei ein weißes Blatt Papier hinter die Bechergläser.

b) Gib mit der Tropfpipette je einen Tropfen der Wasserproben auf einen Objektträger. Betrachte die Tropfen durch das Mikroskop.

c) Gib mit der Tropfpipette von jeder Wasserprobe ein paar Tropfen auf einen Objektträger. Halte den Objektträger mit dem Reagenzglashalter über die nicht leuchtende Brennerflamme. Dampfe die Probe vorsichtig ein.

○ **A1** Trage deine Beobachtungen in die Tabelle ein.

Wasserprobe	Leitungswasser	Mineralwasser		
Aussehen				
Geruch				
nach dem Eindampfen				

◐ **A2** Worin unterscheiden sich die einzelnen Proben? Werte deine Beobachtungen aus.

_____

_____

_____

◐ **A3** Formuliere Vermutungen, woher mögliche Verunreinigungen und gelöste Stoffe im Wasser stammen könnten.

_____

_____

_____

_____

Wasseruntersuchung mit Teststäbchen und Reagenzien

Mithilfe von Teststäbchen kannst du bestimmen, wie viel Nitrat oder Phosphat in einer Wasserprobe ungefähr enthalten ist. Auch die Wasserhärte und der pH-Wert lassen sich so ermitteln. Zur Bestimmung des Sauerstoffgehalts nutzt man ein flüssiges Reagenz, das mit Sauerstoff eine farbige Lösung bildet. Man vergleicht dann die Farbe der Probelösung mit Lösungen, deren Sauerstoffgehalt bekannt ist.

Material

Bechergläser, pH-Teststäbchen („nichtblutend"), Teststäbchen z. B. für Wasserhärte, für Phosphat und für Nitrat, Reagenziensatz für Sauerstoffbestimmung, Thermometer, Wasserproben

Versuchsanleitung

a) Lies die Gebrauchsanleitung der Teststäbchen und des Reagenziensatzes genau durch.
b) Halte ein Teststäbchen für die in der Gebrauchsanleitung angegebene Zeit in die Wasserprobe. Vergleiche die Farbe der Reaktionszone mit der beiliegenden Farbskala.
c) Überprüfe so den pH-Wert, die Wasserhärte, den Nitratgehalt und weitere Werte der Wasserproben.
d) Bestimme den Sauerstoffgehalt der Wasserproben nach der Gebrauchsanleitung des Reagenziensatzes.

○ **A1** Trage deine Ergebnisse in die Tabelle ein.

Wasserprobe	Leitungswasser	Mineralwasser		
pH-Wert				
Wasserhärte				
Phosphat				
Nitrat				
Sauerstoff				

◕ **A2** Worin unterscheiden sich die einzelnen Proben? Werte deine Ergebnisse aus.

_____

_____

_____

● **A3** Der Sauerstoffgehalt muss bei Wasserproben aus Gewässern direkt nach der Probennahme bestimmt werden. Außerdem muss die Temperatur des Wassers mit angegeben werden. Erkläre.

_____

_____

Kationen von	Anionen
Calcium Ca^{2+}	Hydrogencarbonat HCO_3^-
Magnesium Mg^{2+}	Fluorid F^-
Natrium Na^+	Chlorid Cl^-
Kalium K^+	Sulfat SO_4^{2-}
Mangan Mn^{2+}	Nitrat NO_3^-
Eisen Fe^{2+}	Nitrit NO_2^-
Ammonium NH_4^+	Phosphat PO_4^{3-}

1   Entnahme einer Wasserprobe

2   Ionen, die quantitativ bestimmt werden

Wasser – gut untersucht

Trinkwasser ist unser wichtigstes Lebensmittel. Neben Quell- und Grundwasser wird auch Oberflächenwasser aus Flüssen, Seen und Talsperren in Wasserwerken zu Trinkwasser aufbereitet. Deshalb werden regelmäßig Wasserproben aller Art untersucht und auf mögliche Inhaltstoffe analysiert. Dabei geht es nicht nur um die Trinkwasserqualität, sondern auch um den Schutz der Umwelt vor Schadstoffen aus Industrie, Haushalt oder Landwirtschaft.

Analyse von Wasserproben
Direkt nach der Probennahme wird das Wasser mit den Sinnen untersucht (▷ B1). Färbung, Trübung, Geruch und bei Trinkwasser auch Geschmack könnten sich beim Transport ins Labor verändern. Außerdem misst man vor Ort auch die Wassertemperatur, die elektrische Leitfähigkeit und den pH-Wert. Da gelöste Gase leicht entweichen, werden der Gehalt an Sauerstoff und Kohlenstoffdioxid ebenfalls am Ort der Probennahme ermittelt.

Die Kationen und Anionen, die üblicherweise im Labor quantitativ bestimmt werden, sind in der Tabelle in Bild 2 aufgeführt.

Kolorimetrie
Die **Kolorimetrie** ist eine Methode, mit der sich gelöste Stoffe aufgrund ihrer Farbe quantitativ bestimmen lassen. So ist eine wässrige Kupfersulfat-Lösung blau. Je intensiver die Farbe ist, desto höher ist die Kupfersulfat-Konzentration. Man kann die Kupfersulfat-Konzentration einer Probe bestimmen, indem man die Farbintensität

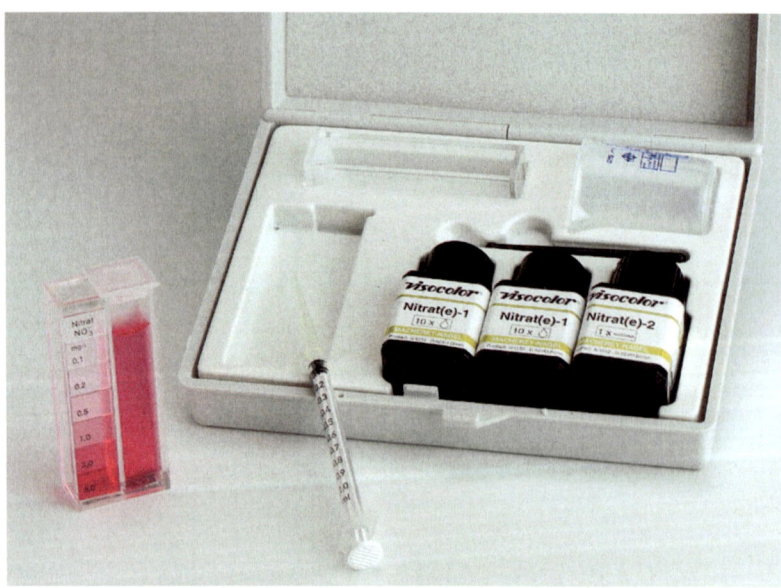

3   Testsatz zur kolorimetrischen Bestimmung der Nitratkonzentration

mit Kupfersulfat-Lösungen bekannter Konzentrationen vergleicht. Einfacher ist der Vergleich mithilfe einer Farbskala. Farblose Stoffe können auch kolorimetrisch bestimmt werden, wenn sie mit einem Reagenz farbige Lösungen bilden.

Der pH-Wert kann kolorimetrisch genauer gemessen werden als mit einem Teststreifen. Dazu wird z. B. in 5 ml Wasser 1 ml Reagenz gegeben und anschließend mit einer Farbskala verglichen (▷ B 4; B 5). Für alle Stoffe, die bei einer üblichen Wasseranalyse untersucht werden, gibt es passende Testsätze. Hier sind die Messgefäße, Reagenzien und eine genaue Arbeitsanweisung enthalten (▷ B 3).

Die Wasserhärte

Calcium-Ionen und Magnesium-Ionen bilden mit den Anionen Carbonat und Sulfat in Wasser schwer lösliche Salze. Bei hohen Konzentrationen dieser Ionen kann es zu Ablagerungen kommen, beispielsweise in Wasserkochern oder Kaffeemaschinen. Man nennt dies Verkalken und spricht von hartem Wasser. Die Menge der gelösten Calcium-Ionen und Magnesium-Ionen bestimmen die **Wasserhärte**. Ein veraltetes, aber noch gängiges Maß für die Wasserhärte ist das Grad deutscher Härte °dH. 1 °dH entspricht 7,2 mg Calcium-Ionen oder 4,3 mg Magnesium-Ionen in einem Liter Wasser. Trinkwasser wird in drei Härtebereiche eingeteilt (▷ B 6).
(▶ Struktur und Eigenschaften, S. 92/93)

Die Kolorimetrie nutzt die Farbe eines Stoffes zur quantitativen Bestimmung.

Calcium-Ionen und Magnesium-Ionen verursachen die Wasserhärte.

Härtebereich	Härtegrad
weich	kleiner als 8,4 °dH
mittel	8,4 bis 14,0 °dH
hart	größer als 14,0 °dH

6 Härtebereiche des Trinkwassers

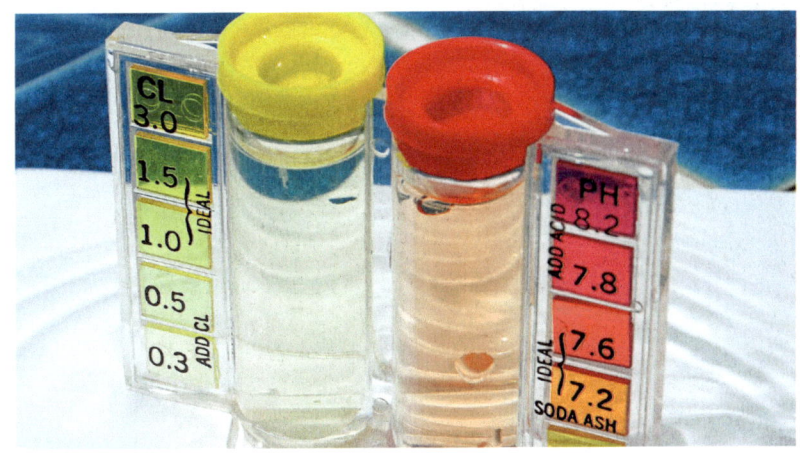

4 Kolorimetrische Bestimmung des pH-Werts und von Chlor

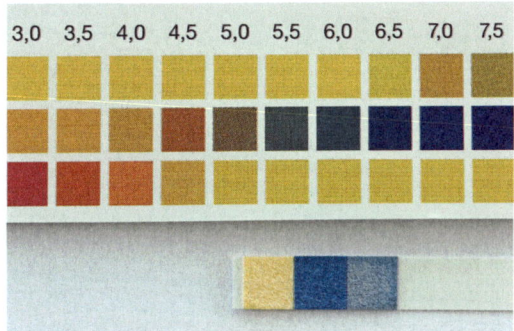

| 3,0 | 3,5 | 4,0 | 4,5 | 5,0 | 5,5 | 6,0 | 6,5 | 7,0 | 7,5 |

5 Teststreifen zur pH-Wert-Bestimmung

AUFGABEN

1 ○ Lies in Bild 3 die Nitratkonzentration der Probelösung ab.

2 Bei der Wasseranalyse werden manche Untersuchungen direkt am Ort der Probennahme durchgeführt.
○ a) Zähle diese Untersuchungen auf.
◑ b) Erläutere, warum diese Untersuchungen direkt durchgeführt werden müssen.

3 ◑ Erkläre mithilfe von Bild 3 das Prinzip der Kolorimetrie.

4 ◑ Nimm Stellung zu folgender Aussage: „Kolorimetrisch kann man den pH-Wert genauer bestimmen als mit einem Teststreifen" (▷ B 4; B 5).

5 ● Erstelle mithilfe der Tabelle in Bild 2 die Formeln folgender Salze: Ammoniumchlorid, Calciumsulfat, Kaliumphosphat, Natriumnitrit.

6 ● 1 Liter Trinkwasser enthält 86,4 mg Calcium-Ionen. Berechne den Härtegrad und ordne den Härtebereich zu (▷ B 6).

1 Titrieren

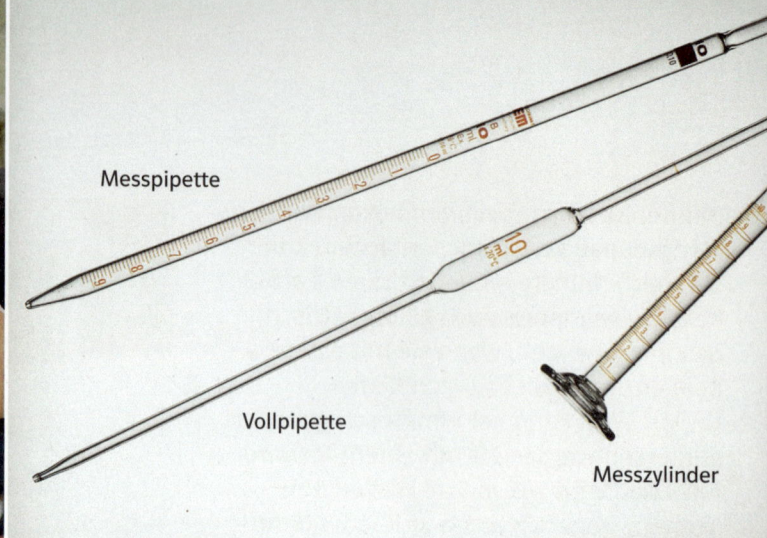

2 Geräte zur Volumenmessung

Die Maßanalyse

Oft ist es wichtig, die genaue Konzentration eines Stoffes zu kennen. So reicht es nicht, durch einen qualitativen Nachweis zu zeigen, dass in einem Medikament ein Wirkstoff enthalten ist. Eine falsche Konzentration des Wirkstoffes könnte zu unerwünschten Nebenwirkungen oder dem Ausbleiben der Wirkung führen. Selbst eine ungefähre Messung mithilfe von Teststäbchen oder Kolorimetrie ist zu ungenau. Die **Maßanalyse** ist eine einfache Methode, mit der die Konzentration vieler Stoffe sehr genau bestimmt werden kann.

Stoffmenge – eine neue Größe

Ein einzelnes Atom kann man nicht wiegen. Erst eine sehr große Anzahl an Atomen ist für uns erkennbar und wiegbar. Man weiß heute, dass etwa $600\,000\,000\,000\,000\,000\,000\,000 = 6 \cdot 10^{23}$ Kohlenstoff-Atome 12 g wiegen. Die gleiche Anzahl an Wasserstoff-Atomen wiegt 1 g. Die Zahl $6 \cdot 10^{23}$ ist schwer vorstellbar, deshalb hat man die Einheit **Mol** eingeführt. 1 mol sind $6 \cdot 10^{23}$ Teilchen. 1 mol Kohlenstoff-Atome wiegt also 12 g. 1 mol Wasserstoff-Atome wiegt 1 g. Allgemein erhält man die Masse von 1 mol einer Atomsorte, indem man bei der Atommasse die Einheit u durch die Einheit Gramm ersetzt. Wie das Gramm die Einheit für die Masse m ist, ist das Mol die Einheit für die Stoffmenge n. Jede Stoffportion, die aus $6 \cdot 10^{23}$ Teilchen besteht, hat die Stoffmenge 1 mol.

Stoffmengen-Konzentration

Die Konzentration c gibt die Stoffmenge eines Stoffes in einem bestimmten Volumen an.

$$c = \frac{\text{Stoffmenge des gelösten Stoffes in mol}}{\text{Volumen der Lösung in l}} = \frac{n}{V}$$

Ist in einem Liter Natronlauge 1 mol Natriumhydroxid NaOH gelöst, so hat die Natronlauge die Stoffmengen-Konzentration: $c_{\text{NaOH}} = 1\,\text{mol/l}$.
1 mol Natriumhydroxid hat die Masse:
$m_{\text{NaOH}} = m_{\text{Na}} + m_{\text{O}} + m_{\text{H}}$
$m_{\text{NaOH}} = 23\,\text{g} + 16\,\text{g} + 1\,\text{g} = 40\,\text{g}$
Löst man in einem Messkolben 40 g Natriumhydroxid und füllt bis zur Ringmarke mit Wasser auf (▷ B 4), erhält man eine Natronlauge mit der Konzentration $c = 1\,\text{mol/l}$.

Konzentrationen bestimmen mit der Maßanalyse

Zur Bestimmung der Konzentration einer Säure in einer Lösung nutzt man die

Neutralisationsreaktion mit einer Lauge. Hierbei reagiert ein Wasserstoff-Ion der Säure genau mit einem Hydroxid-Ion der Lauge zu einem Wasser-Molekül.

$$H^+ + OH^- \longrightarrow H_2O$$

Mit einer Pipette gibt man ein bestimmtes Volumen einer Säure in einen Erlenmeyerkolben und tropft etwas Indikator-Lösung hinzu. Nun lässt man aus einer Bürette eine Lauge mit bekannter Konzentration (Maßlösung) zu der Probelösung tropfen (▷ B 1). Der Indikator zeigt an, wann eine neutrale Lösung vorliegt. Das Volumen der verbrauchten Maßlösung wird an der Bürette abgelesen und damit die Konzentration der Probelösung berechnet (▷ B 3). Dieses Verfahren wird auch **Titration** genannt. Die Maßanalyse kann immer dann eingesetzt werden, wenn zwei Stoffe miteinander reagieren und ein Indikator anzeigt, dass der zu analysierende Stoff nicht mehr in der Lösung vorhanden ist. Die Maßanalyse eignet sich somit auch für andere Reaktionsarten.
(► Chemische Reaktion, S. 96/93)

Messgenauigkeit

Da die Maßanalyse eine sehr genaue Konzentrationsbestimmung ermöglicht, wirken sich Messfehler stark auf die Ergebnisse aus. Man kann die **Messgenauigkeit** durch

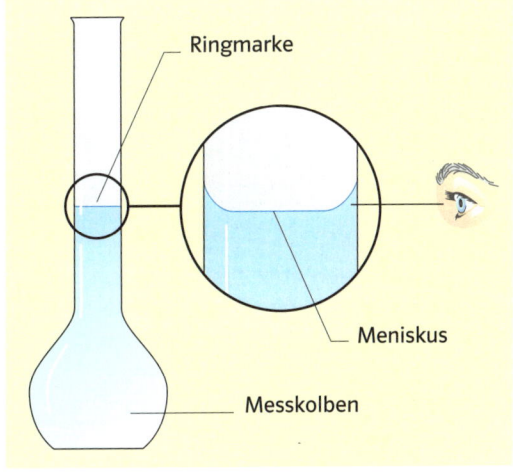

4 Das Volumen richtig ablesen

die Auswahl geeigneter Messgeräte erhöhen (▷ B 2). Wichtig ist auch das Ablesen des Volumens am Meniskus auf Augenhöhe (▷ B 4).

Eine Stoffmenge n, die aus $6 \cdot 10^{23}$ Teilchen besteht, ist als 1 mol festgelegt.

Die Stoffmengen-Konzentration c gibt die Stoffmenge eines Stoffes in einem bestimmten Volumen an. Ihre Einheit ist mol/l.

Die Maßanalyse ist eine Methode zur Bestimmung der Konzentration eines gelösten Stoffes.

AUFGABEN

1 ○ Nenne den Fachbegriff für die Lösung, die bei einer Titration in der Bürette vorliegt.

2 ○ Was bedeutet die Angabe c_{NaOH} = 1 mol/l? Erläutere.

3 ◐ Benenne die Geräte in Bild 2. Mit welchem kannst du am genauesten 10 ml abmessen? Begründe.

4 ● 20 ml Salzsäure werden durch 40 ml Natronlauge der Konzentration c_{NaOH} = 2 mol/l neutralisiert. Berechne die Konzentration c_{HCl}.

5 ● Wie kannst du das Volumen eines Wassertropfens mithilfe einer Bürette bestimmen? Plane einen Versuch.

Es gilt: $n_{H^+} = n_{HCl}$

$n_{OH^-} = n_{NaOH}$

Die Formel für die Berechnung der Stoffmengenkonzentration lautet:

$$c = \frac{n}{V}$$

Durch Umstellen erhält man:

$$n = c \cdot V$$

3 Berechnung der Säurekonzentration

Neutralisation und Leitfähigkeit

○ **A1** Fülle die Lücken im Text aus.

Eine Neutralisationsreaktion kann man nutzen, um die _____ einer Säure zu bestimmen.

Das Verfahren heißt _____ oder _____. Die Lauge in der Bürette nennt man

_____. Ihre Konzentration ist bekannt. Das Ende der Titration zeigt ein _____ an.

A2 Man kann eine Neutralisation auch über die Veränderung der elektrischen Leitfähigkeit verfolgen. Titriert man eine Lösung von Bariumhydroxid Ba(OH)2 mit Schwefelsäure H2SO4, so fällt Bariumsulfat als weißer Feststoff aus. Sabei ändert sich auch die Leitfähigkeit der Lösung. Dies lässt sich anhand der Stromstärke messen.

Volumen H₂SO₄ (in ml)	0	5	10	15	20	25	30	35
Stromstärke (in mA)	80	60	40	20	0	25	50	75

Diagramm: Stromstärke in mA (y-Achse, 0 bis 90) gegen Volumen der Schwefelsäure in ml (x-Achse, 0 bis 45)

○ a) Zeichne die die Messwerte in das Diagramm ein und verbinde sie zu einer Kurve. Beschreibe den Verlauf der Kurve.

_____

_____

_____

○ b) Gib an, bei welchem Volumen der Schwefelsäure eine neutrale Lösung vorliegt.

_____

◐ c) Interpretiere den Verlauf der Kurve.

_____

_____

_____

_____

_____

● d) Stelle die Reaktionsgleichung für die Neutralisationsreaktion auf.

_____

28

Forensische Spurensuche

Analysen zur Aufklärung von Verbrechen

Die forensische Chemie verwendet chemische Nachweisverfahren zur Aufklärung von Verbrechen. In kriminaltechnischen Laboren analysiert man z. B. Körperflüssigkeiten, Gewebeproben oder verdächtige Substanzen. Mit modernen Analyseverfahren lassen sich dabei Drogen, Gifte, Sprengstoffe oder Brandbeschleuniger identifizieren. Spezielle Reagenzien machen Fingerabdrücke oder Schmauchspuren sichtbar. Auch Fälschungen bei Dokumenten oder Kunstwerken können mithilfe chemischer Untersuchungen aufgedeckt werden.

Fingerabdrücke sichtbar machen

Abdrücke von Fingern, Händen, Füßen oder Ohren können einer Person eindeutig zugeordnet werden. Deshalb sind sie für die Polizei bei der Überführung eines Täters von großer Bedeutung. Doch wie macht man sie sichtbar?

Wenn man mit der Haut etwas berührt, werden immer Spuren von Aminosäuren, Talg, Chlorid, Harnstoff oder Ammoniak auf den Gegenstand übertragen. Es gibt verschiedene Möglichkeiten, diese Abdruckspuren sichtbar zu machen. An Tatorten wird häufig Rußpulver verwendet, das an den Abdruckspuren haftet. Im Labor kann man mit Ninhydrin-Lösung Spuren

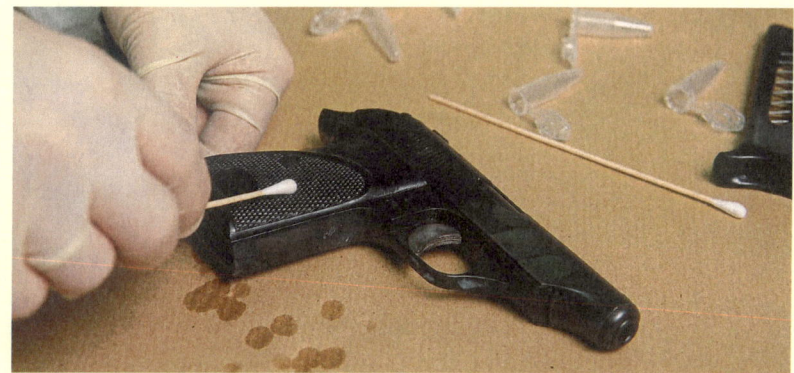

2 Nachweis von Schmauchspuren mit Rhodizonsäure

von Aminosäuren auf Papier nachweisen. Das Papier wird dazu mit dem Reagenz besprüht. Bei Anwesenheit von Aminosäuren entwickelt sich ein violetter Abdruck. Bei schwierigen Oberflächen aus Leder, Kunststoffen oder Metallen werden die Dämpfe von Sekundenkleber genutzt. Der Kleber polymerisiert an den Stellen, wo sich Abdruckspuren befinden. Es entsteht ein stabiler grau-weißer Abdruck.

Schmauchspuren nachweisen

Beim Abfeuern einer Waffe gelangen kleinste Feststoffpartikel an Kleidung und Hände des Schützen. Diese Schmauchspuren haften so fest, dass man sie kaum abwaschen kann. Sie enthalten Barium und Blei, die mit Rhodizonsäure nachgewiesen werden (▷ B 2).

AUFGABEN

1 ◔ Recherchiere, wie der Blutalkoholgehalt von der Polizei gemessen wird.

2 ◔ Plane einen Versuch zum Sichern von Fingerspuren mit Sekundenkleber.

3 ● Recherchiere, wie man Silbernitrat-Lösung zum Nachweis von Fingerabdrücken verwenden kann.

1 Kriminaltechniker bei der Spurensicherung

Zusammenfassung

Qualitative und quantitative Analyse

Zur Analyse eines Stoffes kann man entweder seine Eigenschaften untersuchen oder die Reaktionen, die der Stoff eingeht. Durch eine qualitative Analyse wird ermittelt, welche Stoffe in einer Probe enthalten sind. Die für den Nachweis verwendeten Stoffe heißen Reagenzien. Mithilfe der quantitativen Analyse wird die Menge eines Stoffes in einer Probe bestimmt.

Chromatografie

Die Chromatografie ist ein Trennverfahren für Stoffgemische. Dabei werden Stoffe unterschiedlich schnell mit einem Laufmittel über eine feste Oberfläche transportiert (▷ B1). Die Chromatografie lässt sich auch zur qualitativen Analyse nutzen.

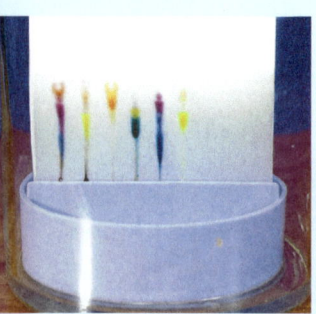

1 Chromatografie eines Stoffgemisches

Nachweis von Ionen

Die Ionen der Alkalimetalle und Erdalkalimetalle lassen sich durch Flammenfärbung nachweisen. Manche Ionen bilden mit bestimmten Reagenzien schwer lösliche Salze, die als Niederschlag ausfallen. Man nutzt dies als Nachweis für die Ionen.

Nitrate

Nitrate kommen in Pflanzen und in Düngemitteln vor. Auch in der Nahrung ist es enthalten. Zu viel Nitrat kann der Gesundheit schaden.

Grenzwert

Ein Grenzwert ist ein gesetzlich festgelegter Höchstwert für einen Stoff. Er darf nicht überschritten werden. Er dient zum Schutz für Mensch und Umwelt.

Nachweisgrenze

Die Nachweisgrenze bezeichnet die Konzentration eines Stoffes, bei der der Stoff mit einem bestimmten Reagenz oder Messverfahren gerade noch nachgewiesen werden kann.

Wasseranalyse

Bei der Wasseranalyse bestimmt man Färbung, Trübung, Geruch und Geschmack des Wassers. Auch die Wassertemperatur, die elektrische Leitfähigkeit und der pH-Wert werden ermittelt. Zusätzlich wird der Gehalt an Sauerstoff und Kohlenstoffdioxid im Wasser bestimmt sowie die Konzentration verschiedener Kationen und Anionen.

Kolorimetrie

Die Kolorimetrie ist eine Methode, mit der sich gelöste Stoffe aufgrund ihrer Farbe quantitativ bestimmen lassen. Farblose Stoffe können auch kolorimetrisch bestimmt werden, wenn sie mit einem Reagenz farbige Verbindungen bilden. Bei der Wasseruntersuchung lassen sich einige der in Wasser gelösten Stoffe kolorimetrisch bestimmen. Auch der pH-Wert kann mithilfe der Kolorimetrie ermittelt werden.

Stoffmenge und Konzentration

Eine Stoffmenge n, die aus $6 \cdot 10^{23}$ Teilchen besteht, ist als 1 mol festgelegt. Die Stoffmengen-Konzentration c gibt die Stoffmenge eines Stoffes in einem bestimmten Volumen an. Ihre Einheit ist mol/l.

Maßanalyse

Die Maßanalyse ist eine Methode zur Bestimmung der Konzentration eines gelösten Stoffes. Dazu titriert man mit einer Maßlösung ein bestimmtes Volumen der zu messenden Lösung.

Messgenauigkeit

Die Messgenauigkeit spielt bei der quantitativen Analyse eine große Rolle. Durch sorgfältiges Arbeiten lässt sich die Messgenauigkeit erhöhen.

AUFGABEN

1 ○ Nenne Nachweisreaktionen für folgende Gase: Wasserstoff, Sauerstoff, Kohlenstoffdioxid.

👍 Super! ❓ ► S. 10/11

2 ○ Beschreibe die Funktionsweise von Reagenzien.

👍 Super! ❓ ► S. 10/11

3 ○ Erläutere den Begriff „Fällungsreaktion" und nenne ein Beispiel.

👍 Super! ❓ ► S. 10/11, 16

4 ○ Beschreibe mithilfe von Bild 2, wie man den Sauerstoffgehalt in einer Wasser-Probe mit einem Reagenziensatz bestimmt.

👍 Super! ❓ ► S. 24/25

5 ○ Beschreibe, was man unter einer Maßlösung versteht.

👍 Super! ❓ ► S. 26/27

6 ◐ Erkläre das Prinzip der chromatografischen Trennung von Stoffen.

👍 Super! ❓ ► S. 13

7 ◐ a) Erläutere, weshalb in der Landwirtschaft Dünger eingesetzt werden.
◐ b) Zeichne einen vereinfachten Nitratkreislauf.

👍 Super! ❓ ► S. 20/21

8 ◐ Handelt es sich bei den folgenden Verfahren um qualitative oder um quantitative Analysemethoden? Erstelle eine Tabelle und ordne zu:

– Kolorimetrie
– Papierchromatografie
– Maßanalyse
– Flammenfärbung

👍 Super! ❓ ► S. 13, 16, 24/25, 26/27

9 Bei der Reaktion von Calcium-Ionen mit Sulfat-Ionen SO_4^{2-} entsteht das schwer lösliche Salz Calciumsulfat. Diese Reaktion lässt sich als Nachweisreaktion für Calcium-Ionen nutzen.
◐ a) Stelle das Reaktionsschema und die Reaktionsgleichung auf.
● b) Formuliere eine Vermutung, weshalb der Nachweis nicht eindeutig ist, wenn in der Lösung zusätzlich Strontium-Ionen oder Barium-Ionen vorhanden sind.

👍 Super! ❓ ► S. 16

10 ● „Nitrat – nützlich und schädlich." Nimm Stellung zu dieser Aussage.

👍 Super! ❓ ► S. 20/21

11 ● 25 ml Natronlauge werden durch 8 ml Salzsäure (Maßlösung) der Konzentration $c_{HCl} = 0,5$ mol/l neutralisiert. Berechne die Konzentration c_{NaOH}.

👍 Super! ❓ ► S. 20/21

12 ● Werden neue Lagerstätten von Eisenerz entdeckt, untersucht man sofort quantitativ den Eisengehalt. Häufig vorkommende Eisenverbindungen sind Fe_2O_3 und Fe_3O_4. Aus welcher dieser Verbindungen kann man bei gleicher Masse des Eisenerzes mehr Eisen gewinnen? Begründe.

👍 Super! ❓ ► S. 26/27

2 Reagenziensatz zur Sauerstoffbestimmung

► Musterlösungen auf den Seiten 107–108 **31**

2 Gefährliche Stoffe

- Welche unterschiedlichen Gefahren können von Stoffen ausgehen?

- Welche gefährlichen Stoffe findest du im Haushalt?

- Welche Berufsgruppen haben besonders oft mit gefährlichen Stoffen zu tun?

- Welche Auswirkungen kann ein Tankerunfall auf die Umwelt haben?

- Wie verhältst du dich richtig im Umgang mit gefährlichen Stoffen?

1 Auch im Haushalt gibt es gefährliche Stoffe. 2 Ein Tanker mit Schwefelsäure verunglückt auf dem Rhein.

Welche Stoffe sind gefährlich?

Stoffe können auf unterschiedliche Art gefährlich sein. Allgemein versteht man unter gefährlichen Stoffen solche, von denen Gefahren für Mensch und Umwelt ausgehen können. Die Gefährlichkeit eines Stoffes wird oftmals mit einem Gefahrenpiktogramm gekennzeichnet (▷ B 3). Stoffe, die ein Gefahrenpiktogramm tragen, bezeichnet man als Gefahrstoffe. Man unterscheidet verschiedene Gefahrstoffe.

Giftige Stoffe
Giftige Stoffe sind Stoffe, die Lebewesen Schaden zufügen können. Die Stoffe sind entweder selbst giftig oder ihre Stoffwechselprodukte sind giftig. Die Giftigkeit eines Stoffes wird auch als **Toxizität** bezeichnet.

Die Toxizität ist eine Stoffeigenschaft. Grundsätzlich können alle Stoffe oberhalb einer bestimmten Menge Schaden anrichten. Die Toxizität hängt also stark von der **Dosis** des Stoffes ab. Bekannte giftige Stoffe sind zum Beispiel Arsen oder Zyankali.

Umweltgefährliche Stoffe
Umweltgefährliche Stoffe werden auch als Umweltschadstoffe oder Umweltgifte bezeichnet. Wenn sie in Wasser, Boden oder Luft gelangen, dann beeinflussen sie Tiere, Pflanzen oder Mikroorganismen. Dadurch werden Gefahren für die Umwelt herbeigeführt. Blei, Schwefeldioxid oder Quecksilber sind Beispiele für umweltgefährliche Stoffe.

3 So können gefährliche Stoffe gekennzeichnet sein.

Brennbare Stoffe

Stoffe, die in Anwesenheit von Sauerstoff entzündet werden können, bezeichnet man als brennbare Stoffe. Die Verbrennung ist eine exotherme Reaktion, bei der Energie in Form von Wärme und Licht freigesetzt wird. Die Brennbarkeit eines Stoffes ist abhängig vom **Zerteilungsgrad** des Stoffes. Je feiner ein Stoff zerteilt ist, desto besser verbrennt er. Methan, Benzin oder Kohle sind Beispiele für brennbare Stoffe.

Explosive Stoffe

Explosive Stoffe können fest oder flüssig sein. Bei chemischen Reaktionen explosiver Stoffe entwickeln sich Gase mit hoher Temperatur und hohem Druck. Durch die große Geschwindigkeit, mit der sich die Gase ausbreiten, erzeugen sie Zerstörungen in ihrer Umgebung. Damit eine solche chemische Reaktion in Gang kommt, ist oftmals nur eine geringe Aktivierungsenergie nötig. Schwarzpulver, Dynamit oder TNT zählen zu den bekanntesten Explosivstoffen.

Radioaktive Stoffe

Radioaktive Stoffe enthalten Atome, deren Atomkerne sich spontan in andere Atomkerne umwandeln können. Bei dieser Umwandlung wird energiereiche Strahlung frei. Beim Auftreffen auf Materie erzeugt die energiereiche Strahlung Ionen. Man bezeichnet sie daher als ionisierende Strahlung. Die Strahlung ist für den Menschen nicht direkt wahrnehmbar. Sie schädigt jedoch die Zellen von lebenden Organismen und kann auch zu Veränderungen des Erbguts führen. Uran und Plutonium sind bekannte Beispiele für radioaktive Stoffe.

Von gefährlichen Stoffen können unterschiedliche Arten von Gefahren ausgehen. Die Größe der Gefahr hängt von der Art und von der Menge des Stoffes ab. Gefährliche Stoffe sind durch ein Gefahrenpiktogramm gekennzeichnet.

Ätzende Säure fließt nach Tankerunglück in den Rhein

St. Goarshausen – Seit Montag fließt ätzende Schwefelsäure kontrolliert aus einem gekenterten Tankschiff an der Loreley in den Rhein.

Wie die Pressestelle „Havarie Loreley" gestern mitteilte, soll so das Zerbrechen des Tankschiffes „Waldhof" verhindert werden. Ein Auseinanderbrechen der „Waldhof" würde zu einer unkontrollierbaren Reaktion der Säure mit dem Rheinwasser führen. Mittlerweile hat sich der Stau von mehreren Hundert Schiffen aufgelöst, der an der Unglücksstelle entstanden ist. Feuerwehr und weitere Hilfskräfte leiten den Verkehr entsprechend um.

Der ursprüngliche Plan, die Säure in ein anderes Schiff zu pumpen, ist vorerst gescheitert, da das nötige Spezialschiff voraussichtlich erst in zwei Tagen am Unglücksort eintreffen kann. Bis zum Eintreffen des Schiffes werden bis zu 900 Tonnen Schwefelsäure in den Rhein abgelassen werden. Nach Angaben eines Sprechers sind keine größeren Auswirkungen auf das Ökosystem zu befürchten. Der pH-Wert habe sich günstiger verändert als erwartet. „Negative Auswirkungen auf die Gewässerökologie sind somit nicht zu erwarten."

4 Zeitungsartikel

AUFGABEN

1 ○ Nenne die verschiedenen Arten von gefährlichen Stoffen und gib jeweils zwei Beispiele an.

2 ◒ Ordne die Gefahrenpiktogramme in Bild 3 den im Text erwähnten Gruppen von Gefahrstoffen zu.

3 ◒ Schau dich zu Hause um. Wo findest du die in Bild 3 dargestellten Gefahrenpiktogramme? Stelle die Stoffe mit ihren Piktogrammen in einer Tabelle zusammen.

4 Betrachte Bild 2 und lies den passenden Zeitungsartikel in Bild 4.
◒ a) Welche Gefahren können von einem Tankerunglück ausgehen? Beschreibe.
● b) Diskutiert in der Klasse, welche Auswirkungen ein Unfall mit einem großen Öltanker gehabt hätte.

5 ● Recherchiere im Internet weitere Gefahrenpiktogramme. Wähle eines aus und informiere dich genauer, sodass du der Klasse die damit verbundenen Gefahren erläutern kannst.

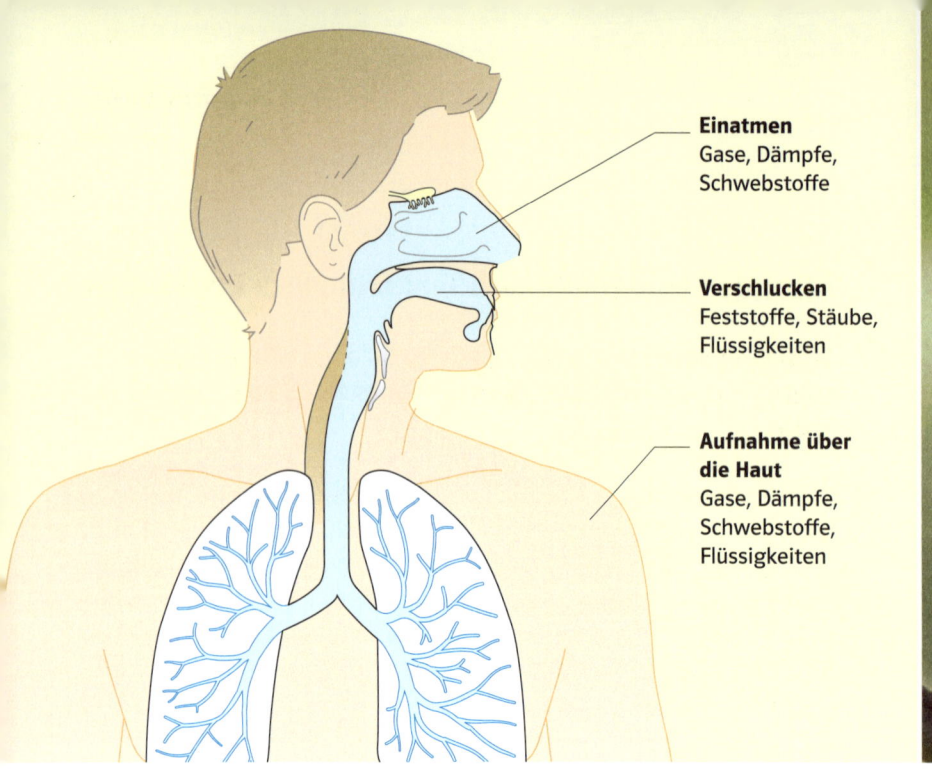

Einatmen
Gase, Dämpfe, Schwebstoffe

Verschlucken
Feststoffe, Stäube, Flüssigkeiten

Aufnahme über die Haut
Gase, Dämpfe, Schwebstoffe, Flüssigkeiten

1 Wie können giftige Stoffe in der Körper gelangen?

2 Die Schwarze Tollkirsche enthält giftige Stoffe.

Giftige Stoffe

Schäden durch giftige Stoffe

Giftige Stoffe können durch Einatmen, Verschlucken oder Aufnahme durch die Haut in den Körper gelangen. Sie können zu kurzfristigen oder zu dauerhaften Schäden führen. Wie groß der Schaden ist, hängt von der Art und der Dosis des Giftes ab, aber auch davon, wie lange ein Lebewesen dem Gift ausgesetzt ist.

Giftigkeit und letale Dosis

Wie Lebewesen auf einen giftigen Stoff reagieren, ist sehr unterschiedlich. Bei Menschen spielen auch der Gesundheitszustand, das Geschlecht, das Alter und das Gewicht eine Rolle. So starb vor wenigen Jahren ein Kleinkind an einem versalzenen Pudding. Die Mutter des Kindes wusste nicht, dass schon 0,5 – 1 g Kochsalz pro Kilogramm Körpergewicht tödlich sein können. In diesem Fall genügten 2 Esslöffel Kochsalz für eine tödliche Vergiftung. Die Dosis eines Stoffes, die für ein bestimmtes Lebewesen tödlich ist, bezeichnet man als **letale Dosis LD**. Um die Giftigkeit verschiedener Stoffe vergleichen zu können, benötigt man Tierversuche, die unter gleichen Bedingungen durchgeführt wurden. Die Dosis, bei der die Hälfte der Versuchslebewesen den Tod findet, bezeichnet man als **LD$_{50}$** (▷ B 4).

Gifte im Alltag

Die meisten Vergiftungsfälle in Deutschland ereignen sich im Haushalt. Besonders gefährlich können hier Reinigungsmittel, Medikamente, Kosmetika oder auch Zigarettenkippen sein. Kleinkinder im Alter von 1 bis 3 Jahren sind besonders gefährdet. Immer wieder verschlucken Kleinkinder giftige Stoffe.
Auch manche Pflanzen enthalten giftige Stoffe. So kann bereits der Verzehr von 3 bis 4 Beeren der Schwarzen Tollkirsche für ein Kind tödlich sein (▷ B 2).
Kommt es zu einer Vergiftung, so sollte schnellstens ein Arzt kontaktiert werden. In Deutschland gibt es auch die Möglichkeit, sich bei einer Giftnotruf-Zentrale Hilfe zu holen.

Krebserzeugende Stoffe

Krebs ist eine der häufigsten Todesursachen in Deutschland. Daher ist die Angst vor Stoffen, die Krebs erzeugen können, besonders groß. Einige dieser Stoffe wurden lange Zeit in Baumaterialien oder Farben verwendet, bevor man ihre Gefährlichkeit erkannte. Auch die Kohlenwasserstoff-Verbindung Benzol war jahrzehntelang als Lösungsmittel und als Benzinzusatz verbreitet. Mittlerweile versucht man, die Verwendung stark einzuschränken. Trotzdem findet man Benzol auch heute noch in geringen Mengen im Benzin oder auch im Zigarettenrauch.

Gifte am Arbeitsplatz

Nicht immer lässt es sich vermeiden, dass Menschen bei ihrer Arbeit giftigen Stoffen ausgesetzt sind. Um die Gefahren so gering wie möglich zu halten, hat man Grenzwerte eingeführt.

Ein wichtiger Wert ist der **Arbeitsplatz-Grenzwert AGW**. Er gibt die Höchstmenge eines Stoffes in der Luft an, bei der keine gesundheitliche Schädigung zu erwarten ist. Zur Festlegung des Werts berücksichtigt man eine lebenslange Arbeitszeit von acht Stunden am Tag bei fünf Arbeitstagen in der Woche. Für das giftige Chlorgas liegt der AGW bei 1,5 mg pro Kubikmeter Luft. Dieser Wert spielt zum Beispiel für das Personal in öffentlichen Schwimmbädern eine

Stoff	LD_{50} (in mg/kg Körpergewicht)	Versuchstier
Natriumchlorid	3000	Ratte oral
Coffein	192	Ratte oral
Nicotin	50 9,2	Ratte oral Hund oral
Cadmium	2330	Ratte oral
Arsenik (Arsenoxid)	10	Ratte oral
Cyankali (Kaliumcyanid)	5	Ratte oral
Botulinumtoxin	0,000003	Maus, einatmen

4 Beispiele für LD_{50}-Werte

Rolle, wo das Wasser durch Chlor keimfrei gehalten wird (▷ B 3).

Ein weiterer Wert ist der **Biologische Grenzwert BGW**. Er gibt die höchste Konzentration eines Stoffes im Blut eines Beschäftigten an, bei der die Gesundheit nicht geschädigt wird.

(► Struktur und Eigenschaften, S. 92/93)

Gifte wirken auf jedes Lebewesen unterschiedlich. Die Wirkung hängt von der Dosis ab. Für die Arbeit mit Giften existieren gesetzlich festgeschriebene Grenzwerte.

AUFGABEN

1 ○ Beschreibe in eigenen Worten den Begriff „letale Dosis".

2 ○ Erläutere den Unterschied zwischen dem Arbeitsplatz-Grenzwert und dem Biologischen Grenzwert.

3 ◐ Stelle Vermutungen an, für welche Menschen schon kleine Mengen eines Gifts besonders schädlich sein können.

4 ◐ Interpretiere die Aussage des Naturforschers PARACELSUS, der schon vor ca. 500 Jahren gesagt hat: „Allein die Dosis macht's, dass ein Ding kein Gift sei."

5 ● Begründe, weshalb Kochsalz kein Gefahrstoff ist, obwohl man einen LD_{50}-Wert für Kochsalz kennt (▷ B 4).

6 ● Wähle einen Stoff aus der Tabelle in Bild 4. Recherchiere weitere Informationen zu dem Stoff und erstelle ein Plakat.

3 Prüfung des Chlorgehalts im Schwimmbad

Gefährliche Stoffe

○ **A1** Welche der folgenden Aussagen über gefährliche Stoffe sind richtig? Kreuze an.

☐ Auch im Haushalt gibt es gefährliche Stoffe

☐ Ein Stück Holz verbrennt besser als Holzspäne.

☐ Gefahrstoffe werden mit Gefahrenpiktogrammen gekennzeichnet.

☐ Umweltgefährliche Stoffe sind für den Menschen unbedenklich.

☐ Arsen und Cyankali sind Beispiele für radioaktive Stoffe.

☐ Zigarettenrauch enthält krebserzeugende Stoffe.

☐ Um einen explosiven Stoff zur Reaktion zu bringen, ist meist nur eine geringe Aktivierungsenergie nötig.

○ **A2** Giftige Stoffe können unsere Gesundheit beeinträchtigen. Zähle drei Möglichkeiten auf, wie gefährliche Stoffe in unseren Körper gelangen können.

1. _____   3. _____

2. _____

◐ **A3** Fülle der Lückentext zu giftigen Stoffen aus.

In unserem Alltag begegnen uns immer wieder gefährliche Stoffe. Giftige Stoffe sind Stoffe, die Lebewesen

Schaden zufügen können. Die Giftigkeit bezeichnet man auch als _____. Die Giftigkeit eines

Stoffes hängt stark von der _____ ab. Die tödliche Dosis eines Stoffes bezeichnet man als _____

_____. In der Arbeitswelt regeln zum Beispiel der _____ und

der _____ _____ den Umgang mit giftigen Stoffen. Auch im Haushalt findet

man giftige Stoffe, wie zum Beispiel _____, _____ oder

_____. Bei Vergiftungen sollte man einen _____ aufsuchen oder die

_____ anrufen.

● **A4** Erläutere, was der LD_{50}-Wert bezeichnet. Begründe, weshalb man beim LD_{50}-Wert angeben muss, wie der Stoff aufgenommen wurde und auf welches Tier sich der Wert bezieht.

_____

_____

_____

_____

Giftig, giftiger, am giftigsten

○ **A1** Lies die Texte zu den drei giftigen Stoffen durch und fülle dann stichwortartig die Tabelle aus.

Arsenik

Arsen ist ein chemisches Element und zählt zu den Halbmetallen. Es ist selbst nur wenig giftig. Hochgiftig ist dagegen das Arsenik, eine Verbindung aus Arsen und Sauerstoff. Wird Arsenik vom Menschen aufgenommen, führt die Vergiftung über Übelkeit und Erbrechen bis hin zum Nieren-versagen oder Herz-Kreislauf-Versagen. Für einen erwachsenen Menschen gelten 60 bis 170 mg als tödlich. Bei einer starken Vergiftung tritt der Tod innerhalb von wenigen Stunden ein. Arsenik ist ein bekanntes Mordgift, das bereits in der Antike verwendet wurde.

Cyankali

Eines der bekanntesten Gifte ist das Cyankali. Die chemische Bezeichnung von Cyankali ist Kaliumcyanid KCN. Kaliumcyanid ist ein Salz der Blausäure HCN. Blausäure hat einen Bittermandel-geruch, den man auch bei Vergiftungen mit Cyankali wahrnehmen kann. Beim Verschlucken löst sich das Salz auf und die hochgiftigen Cyanid-Ionen blockieren die Aufnahme von Sauerstoff im Blut.

Durch diese Blockade kommt es zum inneren Ersticken. Eine Dosis von 140 mg Cyanid-Ionen gilt für den Menschen als tödlich. Während des 2. Weltkriegs wurde Blausäure von den Nationalsozialis-ten zur Ermordung von Millionen von Menschen in Konzentrationslagern genutzt.

Kohlenstoffmonooxid

Die gasförmige Verbindung von Kohlenstoff und Sauerstoff entsteht bei der Verbrennung von kohlenstoffhaltigen Stoffen, wenn nicht ausreichend Sauerstoff vorhanden ist. So kann Kohlenstoffmono-oxid in Öfen oder beim Grillen entstehen. Auch in Zigarettenrauch kommt das Gas vor. Kohlenstoffmonooxid ist ein gefährliches Atemgift, das vom Menschen über die Lunge aufgenommen wird. Von dort gelangt es in die Blutbahn, wo es den Sauerstofftransport verhindert und so zur Erstickung führt. Kohlenstoffmonooxid ist ein farbloses, geruchloses und geschmackloses Gas. Diese Eigen-schaften führen dazu, dass es oft nur schwer entdeckt wird, was immer wieder zu schweren Unfällen führt.

Name des Gifts	Eigenschaften	Wirkung des Gifts

○ **A2** Begründe, weshalb das Grillen mit Holzkohle niemals in geschlossenen Räumen stattfinden sollte.

_____

_____

_____

○ **A3** Recherchiere, wofür Arsen früher noch verwendet wurde.

Drogen

1 Auch Alkohol ist eine Droge.

2 Hanfpflanzen enthalten den Cannabis-Wirkstoff THC.

Laut Weltgesundheitsorganisation WHO ist eine Droge eine Substanz, „die in einem Organismus Funktionen zu verändern vermag". Welche Drogen legal oder illegal sind, ist in Deutschland über das Betäubungsmittelgesetz geregelt. Drogen können abhängig machen.

Alkohol – oft unterschätzte Gefahr

Alkohol ist eine seit Jahrhunderten bekannte Droge, die nicht verboten ist. Wie bei anderen Stoffen ist auch bei Alkohol die Wirkung abhängig von der Dosis (▷ B 1). Bereits geringe Mengen an Alkohol im Blut machen scheinbar sorglos, beleben und enthemmen. Mit steigendem Alkoholgehalt im Blut lassen Aufmerksamkeit und Reaktionsvermögen nach. Sehstörungen und Gleichgewichtsprobleme treten auf.

Große Mengen Alkohol im Blut führen zu Bewusstlosigkeit. An einer solchen Alkoholvergiftung kann man sogar sterben. Der Alkoholgehalt im Blut wird in Promille (‰) angegeben. Ein Promille bedeutet, dass in 1 kg Blut 1 g reiner Alkohol enthalten ist. Der Alkoholgehalt im Blut ist abhängig von Geschlecht, Alter, Körpermasse und vielen anderen Faktoren. Ist die aufgenommene Alkoholmenge bekannt, kann man den Alkoholgehalt im Blut grob berechnen. Dazu multipliziert man die Körpermasse von Frauen mit dem Faktor 0,55 und die von Männern mit 0,68. Nach dem Konsum von 1 Liter Bier (▷ B 3) lässt sich z. B. für eine 65 kg schwere Frau folgender Promillewert berechnen:

$$\frac{\text{Alkoholmenge (g)}}{\text{Körpermasse (kg)} \cdot 0,55} = \frac{39,5\,\text{g}}{65\,\text{kg} \cdot 0,55}$$

$$= 1,10\,\text{g/kg} = 1,10\,‰$$

Cannabis

Das Wort Cannabis kommt aus dem Griechischen und bedeutet Hanf (▷ B 2). Cannabis gilt als eines der ältesten Rauschmittel. Cannabis wird oft als Oberbegriff für die Drogen Marihuana und Haschisch

---

1 l Bier = 1000 ml Bier

5% Alkohol von 1000 ml Bier sind 50 ml oder 50 cm³ Alkohol.

Die Dichte von Trinkalkohol beträgt 0,79 g/cm³.

Berechnung

Masse = Volumen · Dichte

$= 50\,\text{cm}^3 \cdot 0,79\,\text{g/cm}^3$

$= 39,5\,\text{g Alkohol}$

1 l Bier enthält 39,5 g Alkohol.

3 Masse des Alkohols in 1 Liter Bier

verwendet. Beide enthalten den Wirkstoff Tetrahydrocannabinol THC. Der Wirkstoff wird meist durch Inhalation aufgenommen, beispielsweise durch Rauchen von Marihuana. Der Konsum von Cannabis verstärkt vorhandene Gefühle und Stimmungen. Außerdem kann er zu Antriebslosigkeit, Konzentrationsstörungen oder Wahrnehmungsstörungen führen. Bei längerem Konsum kann Cannabis psychisch abhängig machen. Der Besitz von Cannabis ist in Deutschland verboten.

Amphetamine

Der Wirkstoff Amphetamin ist in einer Droge enthalten, die umgangssprachlich Speed oder Pepp heißt. Sie wirkt aufputschend und kann kurzfristig das Selbstbewusstsein steigern. Das Pulver wird meist durch die Nase gezogen. Gesundheitlichen Risiken, die mit dem Konsum von Amphetamin einhergehen, sind unter anderem gesteigerte Aggressivität, Krämpfe, Kreislaufkollaps und Herzinfarkt. Amphetamin ist in Deutschland verboten.

Crystal Meth

Der Wirkstoff der Droge Crystal Meth heißt Methamphetamin. Er ist bereits seit über 100 Jahren bekannt. Methamphetamin unterdrückt Hunger, Durst und Müdigkeit. Deshalb wurde die Substanz im 2. Weltkrieg zur Steigerung der Konzentration bei Soldaten und Piloten eingesetzt. Crystal Meth kann außerdem starke Hochgefühle erzeugen. Deshalb kann es schon nach kurzer Zeit zu einer psychischen Abhängigkeit kommen. In den letzten Jahren ist der Konsum von Crystal Meth in Deutschland stark angestiegen.

Ecstasy

Auch Ecstasy ist eine künstliche Droge, deren Besitz in Deutschland verboten ist. Ecstasy gilt seit den 1980er Jahren als Partydroge und wird in Form von Tabletten oder Pulver konsumiert (▷ B 4). Ecstasy steigert die Leistungs- und Konzentrationsfähigkeit und kann intensive Hochgefühle

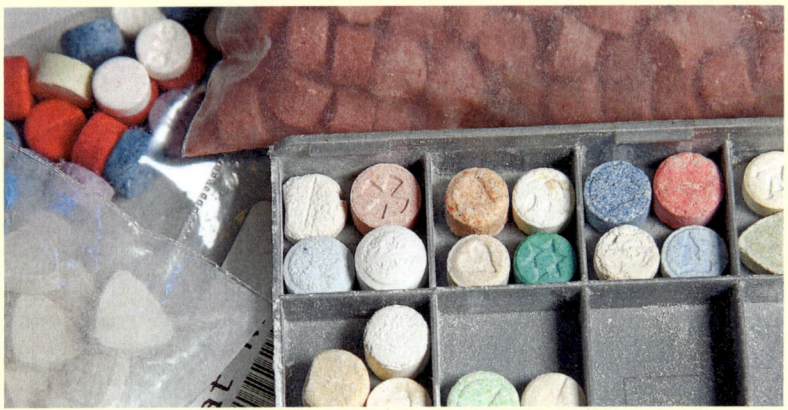

4 Partydroge Ecstasy

erzeugen. Der regelmäßige Konsum kann schnell abhängig machen. Außerdem kann Ecstasy zu Leber- und Nierenversagen führen.

Nachweis von Drogen

Im Straßenverkehr und auch bei bestimmten Berufsgruppen werden regelmäßig Drogentests durchgeführt. Alkoholtests messen den Alkoholgehalt in der ausgeatmeten Luft. Andere Drogen lassen sich mit Wischtests nachweisen, die Reste der Drogen an Händen oder Kleidung aufspüren. Auch im Urin findet man Hinweise auf Drogenkonsum. Im Blut oder in den Haaren lassen sich Drogen teilweise noch nach mehreren Monaten nachweisen.

AUFGABEN

1 ⊖ Begründe, warum Alkohol zu den giftigen Stoffen gezählt werden kann.

2 ⊖ Berechne den Alkoholgehalt im Blut eines 65 kg schweren Mannes, der 1 Liter Bier getrunken hat.

3 ⊖ Erläutere, warum man nach dem Konsum von Drogen eine Gefahr im Straßenverkehr darstellt.

4 ● Nimm Stellung zu der Aussage „Keine Macht den Drogen".

5 ● In manchen Ländern ist der Konsum von Cannabis erlaubt. Welche Argumente sprechen für oder gegen eine Legalisierung? Informiert euch über verschiedene Aspekte und führt in der Klasse eine Diskussion.

Feuergefährliche Flüssigkeiten

Material

Schutzbrille, Abdampfschale, kleine Metallplatte, Holzspan, Streifen aus Pappe, Filzstift, Schere, Lineal, Wundbenzin, Streichhölzer

Versuchsanleitung

a) Fertige einen 15 cm langen Pappstreifen mit einer cm-Einteilung an.
b) Von der Lehrkraft werden dir jetzt einige Tropfen Wundbenzin in die Abdampfschale gegeben. Lege den Pappstreifen so in die Abdampfschale, dass die Flüssigkeitsoberfläche mit dem Anfang der Einteilung bei 0 cm übereinstimmt.
c) Nähere jetzt ganz langsam einen brennenden Holzspan entlang des Pappstreifens und miss die „Übersprungstrecke" der Flamme. Das brennende Benzin wird danach durch Abdecken mit einer Metallplatte sofort gelöscht.

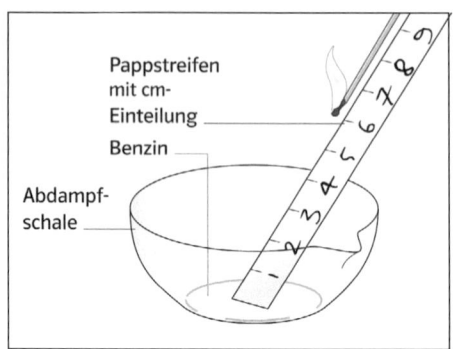

○ **A1** Beschreibe deine Beobachtungen.

_____

_____

_____

◐ **A2** Was muss man beim Umgang mit Benzin beachten? Ziehe aus den Beobachtungen eine Schlussfolgerung.

_____

_____

_____

● **A3** Nenne zwei Stoffe aus dem Haushalt oder dem Alltag, die feuergefährlich sind. Erkläre, warum der jeweilige Stoff feuergefährlich ist. Nutze dafür die drei Bedingungen für eine Verbrennung sowie den Begriff „Zerteilungsgrad".

_____

_____

_____

_____

_____

⊙ Brennbare Stoffe

Immer wieder sterben Menschen bei Wohnungsbränden. Todesursache ist dabei häufig Ersticken, da bei einem Brand Rauch und giftige Gase entstehen. Rauchmelder in Wohnungen können helfen, Leben zu retten (▷ B1).

Bedingungen für eine Verbrennung

Eine nicht abgeschaltete Herdplatte kann einen Wohnungsbrand entfachen, wenn die drei Bedingungen für eine Verbrennung erfüllt sind:
- Es muss ein brennbarer Stoff vorliegen, beispielsweise ein Küchentuch in der Nähe der Herdplatte.
- Es muss die Zündtemperatur des brennbaren Stoffes erreicht werden, beispielsweise durch die Hitze der Herdplatte.
- Es muss ausreichend Luft vorhanden sein, damit eine chemische Reaktion zwischen dem brennbaren Stoff und dem Sauerstoff der Luft stattfinden kann.

Flammtemperatur

Stoffe, durch die eine erhöhte Brandgefahr besteht, bezeichnet man als feuergefährliche Stoffe. Bei Flüssigkeiten wie Dieselkraftstoff kann auch die Flammtemperatur des Stoffes eine Rolle spielen. Die **Flammtemperatur** bezeichnet die niedrigste Temperatur, bei der sich über der Flüssigkeit genug brennbare Gase gebildet haben, damit eine Verbrennung stattfinden kann. Dieselkraftstoff lässt sich bei Raum-

1 Rauchmelder

Dieselkraftstoff

enthält: Brennstoffe, Diesel – nicht spezifiziert

Gefahr

Gefahrenhinweise
H226 Flüssigkeit und Dampf entzündbar.
H304 Kann bei Verschlucken und Eindringen in die Atemwege tödlich sein.
H315 Verursacht Hautreizungen.
H332 Gesundheitsschädlich bei Einatmen.
H351 Kann vermutlich Krebs erzeugen.
H373 Kann die Organe schädigen bei längerer oder wiederholter Exposition.
H411 Giftig für Wasserorganismen, mit langfristiger Wirkung.

Sicherheitshinweise
P210 Von Hitze/Funken/offener Flamme/heißen Oberflächen fernhalten. Nicht rauchen.
P261 Einatmen von Staub/Rauch/Gas/Nebel/Dampf/ Aerosol vermeiden.
P273 Freisetzung in die Umwelt vermeiden.
P280 Schutzhandschuhe/Schutzkleidung/Augenschutz/Gesichtsschutz tragen.
P301+P310 BEI VERSCHLUCKEN: Sofort GIFTINFORMATIONSZENTRUM oder Arzt anrufen.
P331 KEIN Erbrechen herbeiführen.

2 Gefahrstoffetikett für Dieselkraftstoff

temperatur nicht mit einem Streichholz entzünden, da die Zündtemperatur von 220 °C nicht erreicht wird. Hält man jedoch ein brennendes Streichholz einige Zeit an die Flüssigkeitsoberfläche, so steigt die Temperatur an. Sobald die Flammtemperatur von 55 °C erreicht wird, entzünden sich die Gase an der Oberfläche der Flüssigkeit. (► Struktur und Eigenschaften, S.92/93)

Feuergefährliche Stoffe erfüllen die Bedingungen für eine Verbrennung besonders gut.

AUFGABEN

1 ○ Nenne die Bedingungen für eine Verbrennung.

2 ◗ Bild 2 zeigt das Gefahrstoffetikett von Dieselkraftstoff. Benenne die Elemente des Etiketts, die auf die Brennbarkeit des Dieselkraftstoffs hinweisen.

3 ● Schreibe einen Zeitungsartikel, der die Wichtigkeit von Rauchmeldern hervorhebt.

Kompetent bewerten und entscheiden

Erdöl enthält viele Gefahrstoffe. Damit wir es nutzen können, muss es von weit entfernten Fördergebieten nach Europa transportiert werden. Der Transport über die Meere erfolgt mit riesigen Erdöltankern. Mit dem Transport sind jedoch Risiken verbunden. Um zu entscheiden, ob solche Transporte dennoch sinnvoll sind, musst du Pro- und Contra-Argumente sammeln und die Argumente gegeneinander abwägen.

Die folgenden Aufgaben helfen dir bei der Entscheidung. Recherchiere auch im Internet oder in Fachbüchern.

○ **A1** Beschreibe Gefahren für die Umwelt, die beim Transport von Erdöl mit großen Tankern bestehen.

_____

_____

_____

_____

◖ **A2** Erkläre, warum Erdöltransporte dennoch mit Tankern durchgeführt werden.

_____

_____

_____

_____

● **A3** Welche Alternativen zum Transport mit Tankern gibt es? Erläutere die Vorteile und Nachteile dieser Alternativen.

_____

_____

_____

_____

_____

A4 Führt in der Klasse eine Diskussion zum Thema durch.

⊙ Explosivstoffe

Explosivstoffe sind schon seit vielen Jahrhunderten bekannt. Ein sehr alter Explosivstoff ist das **Schwarzpulver**, ein Gemisch aus Kaliumnitrat, Holzkohle und Schwefel. Im 19. Jahrhundert entwickelte ALFRED NOBEL das **Dynamit**. Heute ist eine Vielzahl von Explosivstoffen bekannt.

Eigenschaften und Funktionsweise

Als Explosivstoffe werden feste oder flüssige Stoffe und Stoffgemische bezeichnet, die bei einer ausreichenden Aktivierungsenergie eine heftige chemische Reaktion durchlaufen. Bei dieser Reaktion entwickeln sich in kurzer Zeit Gase und Wärme. Die Gase dehnen sich explosionsartig aus, was zu erheblichen Zerstörungen führen kann. Explosivstoffe enthalten sehr viel chemische Energie. (► Energie, S. 100/101)

Verwendung

Explosivstoffe werden neben dem militärischen Bereich auch im zivilen Bereich eingesetzt. Dabei kommen sie bei Sprengungen im Tunnelbau, Bergbau und Straßenbau sowie als Raketentreibstoffe oder in Feuerwerkskörpern zum Einsatz. (► Struktur und Eigenschaften, S. 92/93)

Explosivstoffe sind energiereiche Verbindungen, die in sehr kurzer Zeit eine große Menge Gase und Energie abgeben.

1 Explosion

BASISKONZEPT Struktur-Eigenschafts-Beziehungen

Für die Eigenschaften der Stoffe ist nicht nur die Art der Teilchen wichtig. Auch die Struktur, also die räumliche Anordnung der Atome innerhalb der Verbindung spielt eine Rolle.
Explosivstoffe bestehen meist aus Molekülen, die Kohlenstoff-Atome, Stickstoff-Atome und Sauerstoff-Atome enthalten. Ein hoher Sauerstoffanteil begünstigt die explosionsartige Reaktion. Die Struktur der Verbindung ermöglicht, dass der gebundene Sauerstoff sehr leicht und schnell für die Reaktion zur Verfügung gestellt werden kann.

2 Die Eigenschaften der Explosivstoffe hängen mit ihrer Molekülstruktur zusammen.

3 Formeln einiger Explosivstoffe

AUFGABEN

1 ○ Lies den Text in Bild 2 und betrachte Bild 3. Nenne Elemente, die man häufig in Explosivstoffen findet.

2 ◖ Begründe, weshalb es wichtig ist, dass Explosivstoffe möglichst sicher zu benutzen sind.

3 ● Stelle Vermutungen an, welche gasförmigen Stoffe bei Explosionen entstehen, und gib ihre Formeln an.

Rätsel: Gefährliche Stoffe

A1 Fülle die Lücken des Rätsels aus. Das Lösungswort ist ein Stoff, der eine wichtige Rolle im nächsten Kapitel spielen wird.

1. Damit eine chemische Reaktion in Gang kommt, ist sie notwendig.
2. War jahrelang ein wichtiger Benzinzusatz
   Hier ereignen sich die meisten Vergiftungsunfälle in Deutschland.
4. Seit Jahrhunderten bekannter Explosivstoff
5. Baum und Fisch ergeben das Piktogramm.
6. Der Erfinder des Dynamits
7. Entwickeln sich bei der chemischen Reaktion explosiver Stoffe
8. Der Biologische Grenzwert gibt die zugelassene Konzentration eines Stoffes in dieser Flüssigkeit an.

9. Die Wirkung eines Gifts hängt davon ab.
10. Spielt bei der Gefählichkeit brennbarer Flüssigkeiten eine große Rolle
11. Für eine Verbrennung notwendig
12. Beim Erreichen dieser Temperatur entzünden sich Flüssigkeiten selbstständig.
13. Wird bei einer Explosion frei
14. Symbol auf dem Piktogramm für giftige Stoffe
15. Fachbegriff für Giftigkeit
16. Er gibt an, wie viel Gift in der Luft am Arbeitsplatz sein darf.
17. Warnt bei Entwicklung von Rauch in Wohnräumen

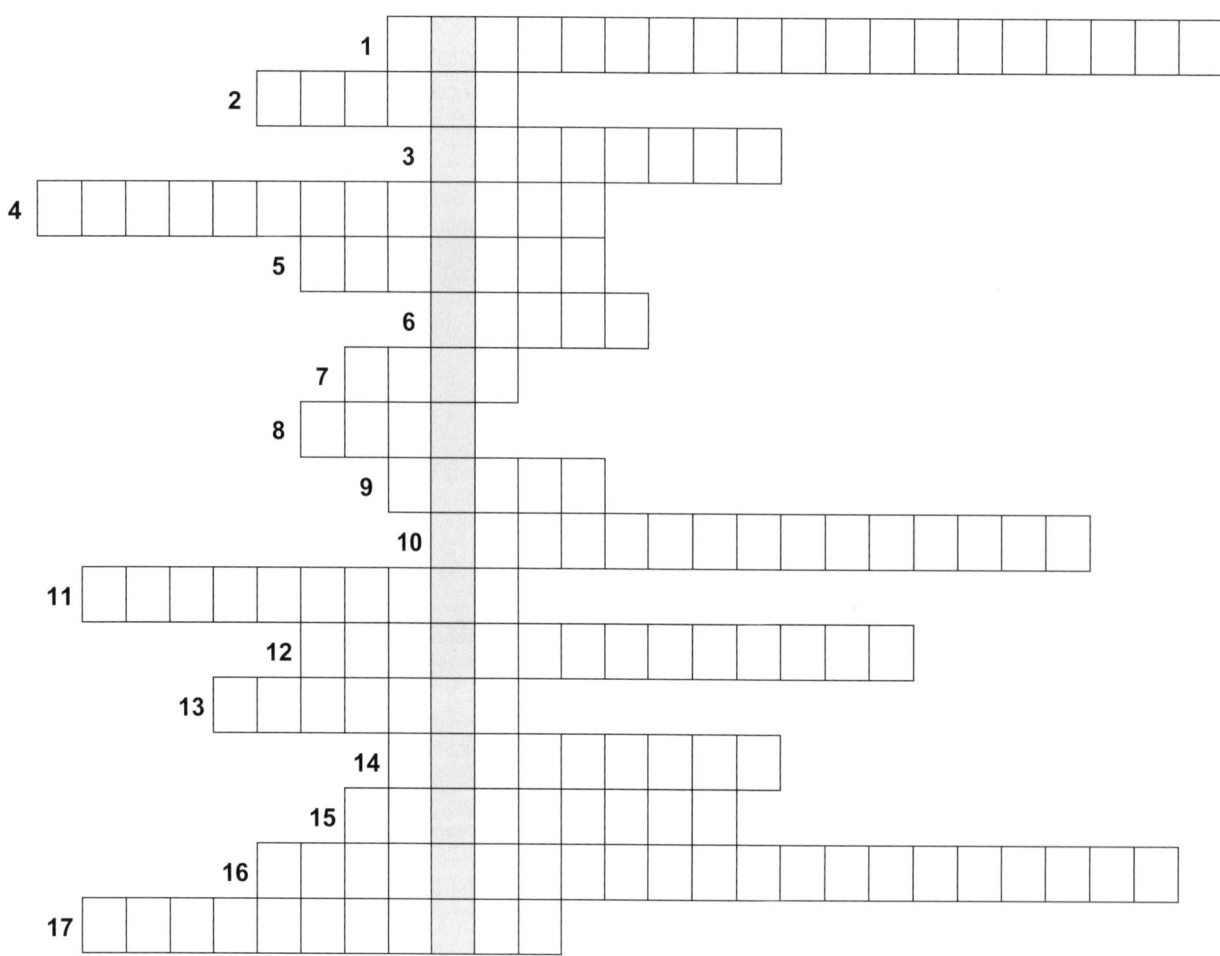

A2 Kohlenstoff bildet mit Sauerstoff zwei unterschiedliche Gase. Eines davon ist schon in geringen Mengen giftig. Das andere spielt eine wichtige Rolle bei der Fotosynthese. Nenne die beiden Gas und gib ihre Formeln an.

Giftiges Gas: _____

Gas, das bei der Fotosynthese eine Rolle spielt: _____

Feuerwerk

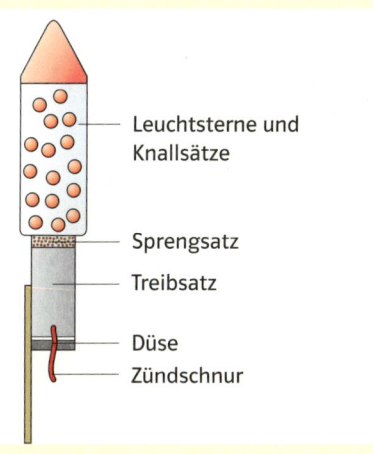

Leuchtsterne und Knallsätze

Sprengsatz

Treibsatz

Düse

Zündschnur

1 Feuerwerk   **2** Feuerwerksraketen   **3** Aufbau eines Feuerwerkskörpers

Faszinierend und gefährlich

Bereits um das Jahr 1050 n. Chr. berichteten China-Reisende, dass dort bei Festen fliegende Feuer und Knallbonbons gezündet wurden. Ab dem 18. Jahrhundert gab es auch an europäischen Königshäusern kaum ein Fest ohne Feuerwerk.

Heute sind Feuerwerke immer noch sehr beliebt. Allerdings kam es bei Feuerwerken und bei der Herstellung von Feuerwerkskörpern immer wieder zu schrecklichen Katastrophen. Am 13. Mai 2000 explodierte eine Feuerwerksfabrik in der niederländischen Stadt Enschede. Durch die Druckwelle wurden 1 500 Wohnhäuser zerstört. 23 Menschen starben und etwa 950 Einwohner erlitten zum Teil schwere Verletzungen. Auch das Abbrennen von Feuerwerkskörpern führt immer wieder zu erheblichen Verletzungen.

Feuerwerk und Farben

An Silvester und bei Festen sind Feuerwerke sehr beliebt. Beim Abbrennen eines Feuerwerks beeindrucken besonders die farbigen Lichteffekte am dunklen Himmel (▷ B1). Die Farben des Feuerwerks werden auf verschiedene Weise erzeugt. Grellweißes Licht entsteht beim Verbrennen von Magnesium. Verbindungen von Calcium, Strontium und Lithium leuchten in verschiedenen Rottönen. Natrium-Verbindungen erzeugen ein gelbes, Kalium-Verbindungen ein violettes und Barium-Verbindungen ein grünes Licht.

Wenn man eine Rakete an der Zündschnur zündet, brennt zunächst der Treibsatz ab, der die Rakete in die Luft steigen lässt. Danach werden im Feuerwerkskörper die sogenannten Leuchtsterne gezündet (▷ B 3). Diese erzeugen verschiedenfarbige Funken, die durch Sprengsätze weiträumig am Himmel verteilt werden. Eingebaute Knallsätze erzeugen zum Teil heftige Knallgeräusche.

AUFGABEN

1 ⊖ Beschreibe den Aufbau einer Feuerwerksrakete mit grünen Funken.

2 ⊖ Feuerwerkskörper werden unter besonderen Sicherheitsvorkehrungen hergestellt. Begründe.

3 ● Das Aufsteigen einer Feuerwerksrakete kann mit dem Rückstoß-Prinzip erklärt werden. Erkläre den Vorgang.

1 Feuerwehrleute in Schutzanzügen **2** Nicht detonierte Munition wird entschärft. **3** Pyrotechnik auf der Bühne

Berufe mit Verantwortung

In einigen Berufen und Arbeitsbereichen kommt man mit gefährlichen Stoffen in Kontakt. Dann sind Kenntnisse über Gefahrstoffe von besonderer Bedeutung.

Feuerwehrfrau / Feuerwehrmann

Feuerwehrleute haben die Aufgabe, bei Bränden und Unfällen Hilfe zu leisten. Oft entstehen bei Bränden giftige Gase. Bei Verkehrsunfällen treten manchmal Flüssigkeiten aus, die für die Umwelt oder den Menschen gefährlich sein können. Berufsfeuerwehrleute müssen zunächst eine abgeschlossenen Berufsausbildung oder ein abgeschlossenes Studium haben. Danach folgt eine bis zu zweijährige Ausbildung bei der Feuerwehr.

Kampfmittelbeseitigung

Regelmäßig werden in Deutschland bei Bauarbeiten Bomben oder Munitionsreste aus dem 2. Weltkrieg gefunden. Das Beseitigen dieser Fundstücke wird von Kampfmittel-Beseitigungsdiensten durchgeführt. Die Arbeit in diesem Bereich setzt besondere Kenntnisse vor allem im Bereich der Explosivstoffe voraus. Das umfangreiche Wissen muss in speziellen Lehrgängen erworben werden.

Pyrotechniker/-in

Tätigkeiten im Bereich der Pyrotechnik sind keine anerkannten Ausbildungsberufe in Deutschland. Um Pyrotechniker/-in zu werden, sind umfangreiche Lehrgänge nötig. Nur so kann man gewährleisten, dass Großfeuerwerke sicher abgebrannt oder Explosivstoffe bei Filmproduktionen richtig einsetzt werden. Auch bei der Gestaltung von Bühnenshows kommt häufig Pyrotechnik zum Einsatz.

Für Berufe, in denen Gefahrstoffe eine Rolle spielen, ist spezielles Fachwissen erforderlich.

AUFGABEN

1 ○ Nenne Tätigkeiten, bei denen Feuerwehrleute in Kontakt mit gefährlichen Stoffen kommen können.

2 ◑ Erläutere mögliche Gefahren beim Abbrennen von Großfeuerwerken.

3 ● Es gibt noch weitere Berufe, in denen man mit gefährlichen Stoffen in Kontakt kommt. Fasse solche Berufe in einer Liste zusammen.

Radioaktive Stoffe

1 Behälter mit radioaktiven Abfällen

2 Kind mit genetischen Schäden

Radioaktive Stoffe enthalten Atomkerne, die von selbst zerfallen können und sich dabei in andere Kerne umwandeln. Man nennt diese Atomkerne Radionuklide. Bei der Umwandlung entsteht eine Strahlung, die beim Auftreffen auf Materie Ionen erzeugt. Sie heißt ionisierende Strahlung.

Natürliche und künstliche Radioaktivität

Auf der Erde sind wir ständig ionisierender Strahlung ausgesetzt. Ein Teil der Strahlung gelangt aus dem Weltall auf die Erde. Man spricht von kosmischer Strahlung. Ein anderer Teil der Strahlung stammt aus natürlichen Substanzen der Erde. Diese Art der Strahlung bezeichnet man als terrestrische Strahlung. Künstliche Radionuklide entstehen zum Beispiel bei der Energiegewinnung in Kernreaktoren. Oft bilden sich dabei Radionuklide, die anschließend nicht mehr nutzbar sind. Die Lagerung und Entsorgung solchen Atommülls stellt heute ein großes Problem dar (▷ B 1). Auch in der Medizin, der Technik und der Forschung finden künstlich hergestellte Radionuklide Anwendung.

Drei Arten von Strahlung

Die ionisierende Strahlung ist sehr energiereich. Man unterscheidet drei Arten der Strahlung: α-, β- und γ-Strahlung. Die α-Strahlung besteht aus Helium-Atomkernen. β-Strahlen bestehen aus schnellen Elektronen. Die γ-Strahlung ist eine elektromagnetische Strahlung, ähnlich dem Licht.

Gefahren durch Strahlung

Trifft ionisierende Strahlung auf menschliche Zellen, können diese verändert oder zerstört werden. Eine Veränderung von Zellen kann zu Krebs und zu Fehlbildungen bei Ungeborenen führen (▷ B 2). Zum Schutz vor α-Strahlung reicht Schutzkleidung. β-Strahlung wird durch Aluminium abgeschirmt. Zum Schutz vor γ-Strahlung benötigt man dicke Bleiplatten.

AUFGABEN

1 ⊖ Begründe, warum Strahlenschäden nicht unbedingt sofort sichtbar sind.

2 ⊖ Recherchiere, welche Schutzmaßnahmen es in radiologischen Abteilungen von Krankenhäusern gibt.

3 ● Häufig liest man „Radioaktivität – Fluch oder Segen?". Nimm Stellung zu dieser Frage.

Zusammenfassung

1 Kennzeichnung gefährlicher Stoffe

Gefährliche Stoffe
Von Stoffen können unterschiedliche Gefahren ausgehen. Um auf die entsprechenden Gefahren hinzuweisen, müssen die Gefahrstoffe gekennzeichnet werden (▷ B 1).

Giftige Stoffe
Giftige Stoffe greifen in den Stoffwechsel oder das Nervensystem eines Lebewesens ein. Wie stark die Wirkung des giftigen Stoffes ist, hängt von der Dosis ab. Für das Arbeiten mit giftigen Stoffen gelten in Deutschland strenge gesetzliche Vorgaben. Zwei wichtige Werte sind in diesem Zusammenhang der Arbeitsplatz-Grenzwert AGW und der Biologische Grenzwert BGW.

Brennbare Stoffe
Stoffe, bei denen eine hohe Brandgefahr besteht, weil sie leicht entzündlich sind, bezeichnet man als feuergefährliche Stoffe.

Sie erfüllen die drei Bedingungen für eine Verbrennung besonders gut: Vorliegen eines brennbaren Stoffes, Anwesenheit von Sauerstoff, Erreichen der Zündtemperatur (▷ B 3). Bei Flüssigkeiten kann auch die Flammtemperatur eine Rolle spielen. Sie gibt an, bei welcher Temperatur sich über der Flüssigkeit genug brennbare Gase gebildet haben, damit eine Verbrennung einsetzen kann.

Explosivstoffe
Explosivstoffe sind schon seit Jahrhunderten bekannt. Sie sind energiereiche Verbindungen, die während einer Reaktion in sehr kurzer Zeit eine große Menge Gase und Energie abgeben können (▷ B 2). Durch die explosionsartige Ausdehnung der Gase kann es zu Zerstörungen kommen. Explosivstoffe werden im militärischen Bereich in Waffen eingesetzt. Im zivilen Bereich nutzt man sie bei Sprengungen, als Raketentreibstoff oder in Feuerwerkskörpern.

Berufe mit Verantwortung
In einigen Berufen oder Arbeitsbereichen kommt man in Kontakt mit gefährlichen Stoffen. Hierzu zählt die Arbeit bei der Feuerwehr, bei der Kampfmittelbeseitigung oder in der Pyrotechnik.

2 Explosion

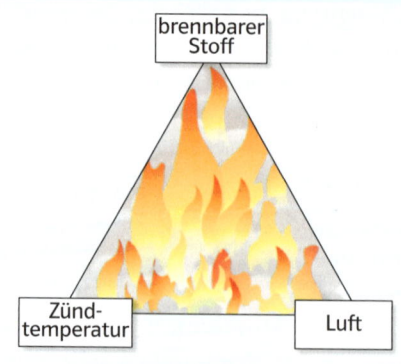

3 Bedingungen für eine Verbrennung

AUFGABEN

1 ○ Gib drei Gefahren an, die von Stoffen ausgehen können, und skizziere die entsprechenden Gefahrenpiktogramme.

👍 Super! ❓ ► S. 34/35

2 ○ Beschreibe, was ein Gift ist.

👍 Super! ❓ ► S. 36/37

3 ○ Explosionen sind exotherme Reaktionen. Erläutere.

👍 Super! ❓ ► S. 45

4 ○ Nenne drei Berufe, bei denen man in Kontakt mit Gefahrstoffen kommt.

👍 Super! ❓ ► S. 48

5 ○ Erläutere, weshalb Medikamente so aufbewahrt werden sollten, dass sie für kleine Kinder nicht erreichbar sind (▷ B 4).

👍 Super! ❓ ► S. 36/37

6 ◑ Nach einer Vergiftung sollte man die Verpackung des Stoffes dem Arzt zeigen (▷ B 5). Begründe.

👍 Super! ❓ ► S. 36/37

7 ◑ Begründe, weshalb Schönheitsbehandlungen mit Botox nur von speziell ausgebildeten Personen durchgeführt werden sollten.

👍 Super! ❓ ► S. 38/39

8 ◑ Erläutere, wie Kohlenstoffmonooxid in die Luft gelangt und welche Gefahren von diesem Gas ausgehen.

👍 Super! ❓ ► S. 38/39

9 ◑ Beschreibe in eigenen Worten, was man unter der Flammtemperatur versteht.

👍 Super! ❓ ► S. 43

10 ● Der Arbeitsplatz-Grenzwert darf kurzzeitig überschritten werden. Begründe.

👍 Super! ❓ ► S. 36/37

11 ● Zu Beginn des 1. Weltkrieges verhinderten gegnerische Länder die Einfuhr von Stickstoff-Verbindungen nach Deutschland. Begründe.

👍 Super! ❓ ► S. 45, 46

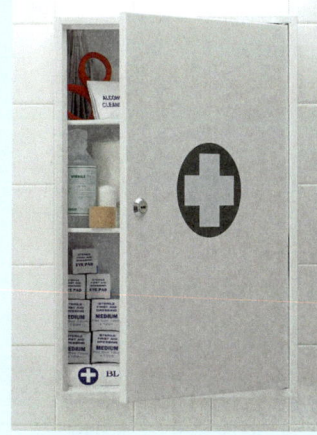

4 Medikamentenschrank

5 Hinweis auf einen Abflussreiniger

Achtung:

Enthält Natriumhydroxid. Verursacht schwere Verätzungen. Kontakt mit Haut und Augen vermeiden. Bei Kontakt mit der Haut sofort mit viel Wasser abwaschen. Beschmutzte Kleidung sofort ausziehen. Bei Kontakt mit den Augen sofort mit Wasser ausspülen und Arzt aufsuchen. Geeignete Kleidung, Schutzhandschuhe und Schutzbrille tragen. Darf nicht in die Hände von Kindern gelangen.

► Musterlösungen auf der Seite 108 **51**

3 Stoffe im Fokus von Umwelt und Klima

- Wie sind Kohle, Erdöl und Erdgas entstanden?

- Woher kommt die Energie, die wir nutzen?

- Welche Kreisläufe gibt es in unserer Umwelt?

- Wie stark wird sich die Erde in den nächsten Jahrzehnten erwärmen?

- Wodurch kommt es zum Klimawandel?

- Wie werden wir in Zukunft Strom gewinnen?

1 – 3 Kohle, Erdöl und Erdgas liefern Energie.

Energie aus Kohle, Erdöl und Erdgas

Kohle, Erdöl und Erdgas sind **fossile Brennstoffe** (▷ B1–3), da sie vor vielen Millionen Jahren entstanden sind. Sie bestehen aus Verbindungen, die Kohlenstoff in unterschiedlichen Mengen enthalten.

Entstehung von Kohle, Erdöl und Erdgas
Kohle entstand vor etwa 300 Millionen Jahren. Damals bedeckten riesige Sumpfwälder die Erde. Die Pflanzen versanken nach dem Absterben in den Sümpfen und wurden von Wasser, Schlamm und später Gebirgsschutt luftdicht bedeckt. Es entstand zunächst Torf. Er sank mit der Zeit in tiefere Schichten und wandelte sich unter wachsendem Druck und erhöhter Temperatur in Braunkohle um. Ein Teil der Braunkohle wurde zu Steinkohle. Dieser Prozess, der viele Millionen Jahre benötigt, heißt **Inkohlung** (▷ B6).
Erdöl und Erdgas entstanden dagegen aus abgestorbenen kleinsten Meereslebewesen – dem **Plankton**. Nach dem Absinken des Planktons auf den Meeresboden bildete sich dort wegen des Sauerstoffmangels Faulschlamm. Dieser wurde von Sedimentschichten überlagert und gelangte in immer größere Tiefen. Dort entstand aus dem organischen Material bei hohem Druck und hoher Temperatur Erdöl und Erdgas (▷ B7).

Gespeicherte Sonnenenergie
Wenn wir heute fossile Brennstoffe verbrennen, dann nutzen wir die darin gespeicherte Energie der Sonne. Aber wie kam es dazu?
Pflanzen wandeln bei der Fotosynthese Kohlenstoffdioxid und Wasser in Sauerstoff und Kohlenstoff-Verbindungen um. In Kohlenstoffdioxid und Wasser ist eine geringere Menge chemische Energie gespeichert als in Sauerstoff und den Kohlenstoff-Verbindungen (▷ B5). Für die Fotosynthese wird deshalb Energie benötigt, die von der Sonne geliefert wird. Die Sonnenenergie ist deshalb in Form von chemischer Energie in allen natürlichen Kohlenstoff-Verbindungen gespeichert. Diese chemische Energie ist in den fossilen Brennstoffen über Millionen von Jahren erhalten geblieben. Man bezeichnet diese Brennstoffe deshalb auch als **fossile Energieträger**.

BASISKONZEPT Energie

Stoffe enthalten chemische Energie. Bei chemischen Reaktionen wird sie umgewandelt, z. B. in Wärme- oder Lichtenergie. Dies nutzt man bei der Verbrennung fossiler Energieträger. Die Wärmeenergie setzt man zum Heizen oder zum Antreiben von Fahrzeugen ein.

4 Energie kann in verschiedenen Formen auftreten.

Energieträger nutzen

Bei der Verbrennung der fossilen Energieträger reagieren die enthaltenen Kohlenstoff-Verbindungen mit dem Sauerstoff aus der Luft zu Kohlenstoffdioxid und Wasser (▷ B 5). Dabei wird die chemische Energie in andere Energieformen umgewandelt, z. B. in Wärmeenergie oder Bewegungsenergie. Der Mensch nutzt diese Energie zum Heizen oder zum Antreiben von Fahrzeugen. Der größte Teil der Energie wird allerdings zur Erzeugung von elektrischer Energie genutzt. Als Brennstoffe decken die fossilen Energieträger heutzutage den größten Teil des weltweiten Energiebedarfs. (▶ Energie, S. 100/101)

Kohle, Erdöl und Erdgas sind fossile Brennstoffe. Sie haben sich in Millionen von Jahren aus abgestorbenen Pflanzen und Plankton unter Luftabschluss gebildet.

Fossile Brennstoffe sind Kohlenstoff-Verbindungen. Sie enthalten chemische Energie, die bei der Verbrennung in Wärmeenergie oder Lichtenergie umgewandelt werden kann. Dabei entsteht Kohlenstoffdioxid.

AUFGABEN

1 ○ Vergleiche die Entstehung von Kohle mit der Entstehung von Erdöl und Erdgas. Nenne eine Gemeinsamkeit und einen Unterschied.

2 ○ Stelle für die Verbrennung von Kohlenstoff-Verbindungen das allgemeine Reaktionsschema auf.

3 ◒ Begründe, ob es sich bei der Fotosynthese um eine endotherme oder eine exotherme Reaktion handelt.

4 ◒ Informiere dich über die Förderung und den Transport von Erdöl und Erdgas. Berichte.

5 ● Du nutzt täglich elektrische Energie, z. B. bei der Nutzung deines Computers. Stelle mithilfe eines Flussdiagramms die Umwandlung der Energie von der Fotosynthese bis zu deinem Computer dar.

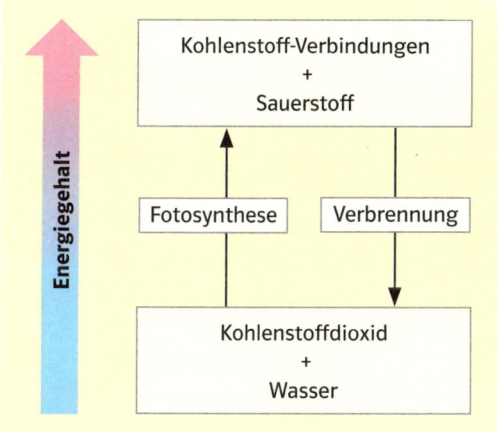

5 Änderung des Energiegehalts bei der Fotosynthese und der Verbrennung

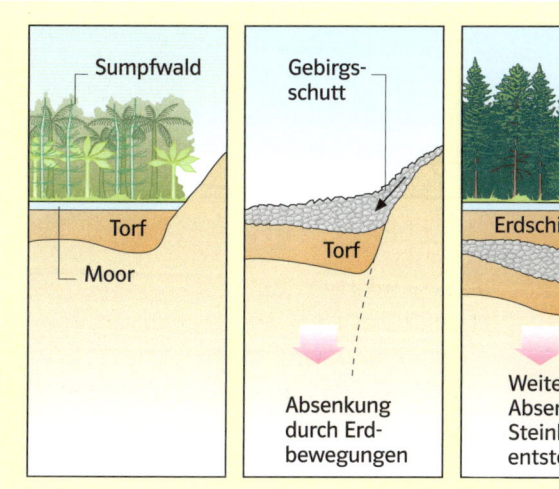
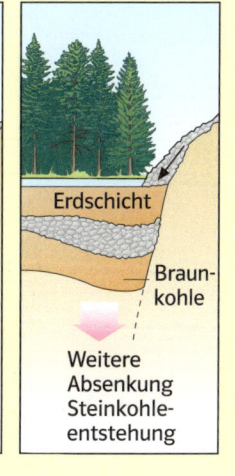

6 Entstehung von Kohle

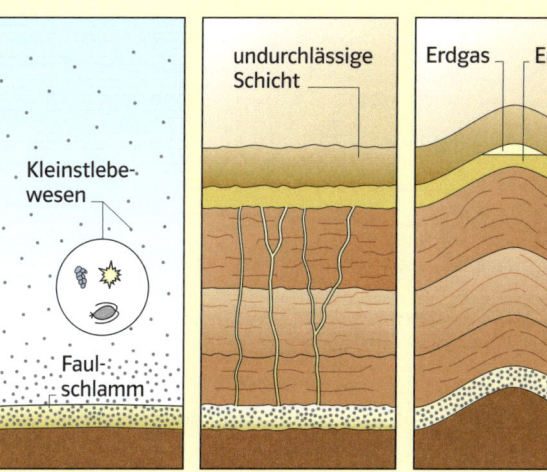

7 Entstehung von Erdgas und Erdöl

Wir verbrennen Erdöl-Bestandteile

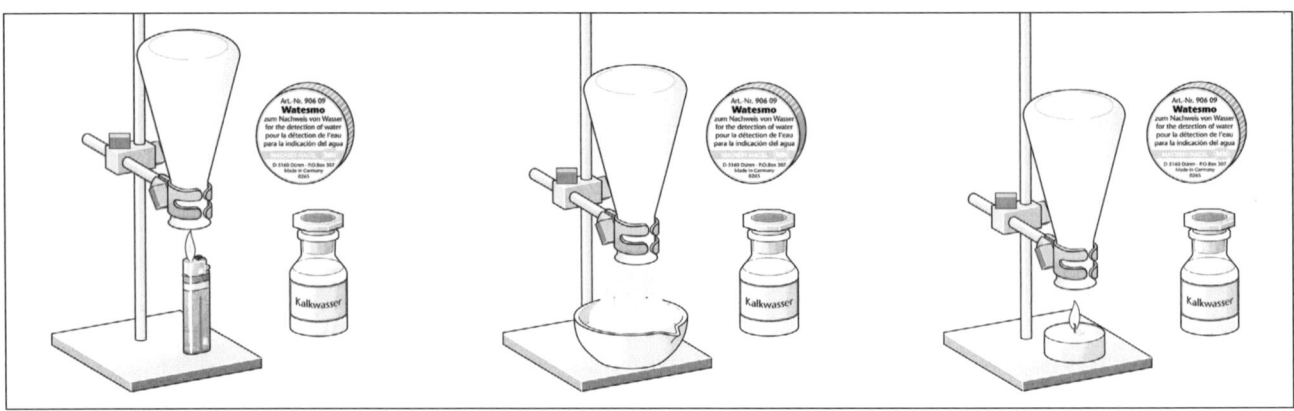

1 Welche Stoffe entstehen beim Verbrennen von Erdöl-Bestandteilen?

Material

Schutzbrille, 3 Stative, 3 Doppelmuffen, 3 Universalklemmen, 3 Erlenmeyerkolben (250 ml, Weithals), 3 Stopfen, Abdampfschale, Metallplatte zum Abdecken, Feuerzeug, Wundbenzin, Kerze, Kalkwasser, Watesmo-Papier

Versuchsanleitung

a) Befestige an jedem Stativ einen Erlenmeyerkolben (Bild 1).
b) Halte unter den ersten Kolben ein brennendes Feuerzeug.
c) Stelle unter den zweiten Kolben eine Abdampf schale mit Wundbenzin, das du entzündest.
d) Stelle unter den dritten Kolben eine brennende Kerze.
e) Lass die Verbrennungsprodukte höchstens 20 Sekunden einströmen. Lösche die Flamme in der Abdampf-schale durch Abdecken mit der Metallplatte. Verschließe die Kolben mit den Stopfen. Entferne sie vom Stativ.
f) Prüfe den Belag in den Kolben jeweils mit Watesmo-Papier.
g) Gib am Schluss in jeden Kolben einige Tropfen Kalkwasser und schwenke leicht.

○ **A1** Beschreibe deine Beobachtungen.

_____

_____

_____

◒ **A2** Werte deine Beobachtungen aus.

_____

_____

_____

● **A3** Gib für den Kohlenstoffdioxid-Nachweis mit Kalkwasser das Reaktionsschema und die Reaktions-gleichung an.

_____

_____

Probleme bei der Brennstoff-Gewinnung

Erdöl

Der Bedarf an Erdöl steigt immer weiter an, obwohl die vorhandene Menge immer weiter abnimmt. Um den hohen Bedarf decken zu können, werden Bohrungen nach Erdöl und die Erdöl-Förderung immer riskanter durchgeführt. So wird heute in Gebieten und in Tiefen gebohrt, die noch vor Jahren undenkbar waren. Dabei kommt es immer wieder zu Katastrophen. Im April 2010 explodierte die Bohrinsel Deepwater Horizon im Golf von Mexiko und verursachte eine schwere Umweltkatastrophe (▷ B 1). Auch beim Transport des Erdöls kommt es durch undichte Pipelines oder Tanker-Unglücke immer wieder zu Umweltschäden.

2 Braunkohle-Tagebau

Erdgas

Ein umstrittenes Verfahren der Erdgas-Förderung ist das Fracking. Damit lassen sich auch Restmengen von Erdgas fördern und Erdgas-Lager mit sehr wenig Erdgas ausbeuten. Beim Fracking wird eine Flüssigkeit mit Chemikalien und Quarzsand mit hohem Druck in das Gestein gepresst. Dies erzeugt Risse im Gestein. Der Quarzsand verhindert, dass sich diese Risse wieder schließen. Auf diese Weise kann Erdgas, das im Gestein eingeschlossen war, ausströmen. Die eingesetzten Chemikalien können aber das Grundwasser verunreinigen.

Kohle

Riesige Kraterlandschaften entstehen, wenn Braunkohle im Tagebau gefördert wird (▷ B 2). Manchmal müssen ganze Ortschaften umgesiedelt werden. Außerdem muss das Grundwasser abgepumpt werden, sodass der Grundwasserspiegel in der Region sinkt. Stillgelegte Tagebaugebiete werden heute teilweise zu Badeseen rekultiviert. Steinkohle wird bergmännisch unter Tage abgebaut. Auch dies führt zu einem Absinken des Grundwasserspiegels. Außerdem kann es zu Bodensenkungen und Einstürzen von Bergwerken kommen.

AUFGABEN

1 ⊖ Fasse die Informationen des Textes in Form einer Tabelle zusammen.

2 ⊖ Nimm Stellung zu der Aussage: „Man sollte die fossilen Brennstoffe mit allen Mitteln aus dem Boden holen."

3 ● Diskutiere mit einem Partner über das Pro und Contra riskanter Bohr- und Fördermaßnahmen.

1 Brand der Bohrinsel Deepwater Horizon

Treibhauseffekt und Klimawandel

Bei der Verbrennung fossiler Brennstoffe entsteht Kohlenstoffdioxid CO_2. Durch die weltweit zunehmende Verwendung dieser Brennstoffe wird immer mehr Kohlenstoffdioxid in die Atmosphäre freigesetzt. Dies hat Folgen für das Klima: Es wird weltweit immer wärmer. Dieses Phänomen wird **Klimawandel** oder **globale Erwärmung** genannt. Aber wie kommt es dazu?

Der natürliche Treibhauseffekt

Die Erde ist von einer Hülle aus Gasen umgeben, der **Atmosphäre**. Die Gase der Atmosphäre funktionieren wie das Glas eines Gewächshauses oder Treibhauses: Wenn Sonnenstrahlenstrahlen durch die Atmosphäre dringen, nimmt die Erdoberfläche einen Teil der Sonnenenergie auf. Man spricht von **Absorption** der Strahlung. Die Erdoberfläche erwärmt sich und gibt diese Wärmestrahlung an die Luft ab.

Einige Gase in der Luft halten einen Teil der Wärmestrahlung zurück. Die Erde hat dadurch eine mittlere Jahrestemperatur von 15 °C. Dies nennt man den natürlichen Treibhauseffekt der Erde (▷ B 2). Ohne den Treibhauseffekt wäre die mittlere Jahrestemperatur auf der Erde −18 °C. Leben wäre nicht möglich.

Treibhausgase und ihre Herkunft

Der Treibhauseffekt wird von verschiedenen Gasen verursacht, den **Treibhausgasen**. Ein Teil der Gase ist natürlichen Ursprungs. Jedoch gibt es viele Gase, die vom Menschen in die Atmosphäre abgegeben werden. Diese **Emission** von Treibhausgasen trägt zum Treibhauseffekt bei. Kohlenstoffdioxid entsteht bei der Verbrennung von Kohlenstoff-Verbindungen. Dazu gehören vor allem Braunkohle, Steinkohle, Heizöl, Holz, Benzin, Diesel und Erdgas.

Wasserdampf entsteht durch die Verdunstung von Wasser und nimmt in der Atmosphäre immer mehr zu, je stärker sich die Erde erwärmt.

Methan entweicht aus Sumpfgebieten. Es bildet sich jedoch auch in Müllbergen und Reisfeldern. Außerdem entsteht es in großen Mengen bei der Viehhaltung. Methan ist ein 28-mal wirksameres Treibhausgas als Kohlenstoffdioxid.

Auch Stickstoffoxide sind Treibhausgase. Bei Verbrennungsprozessen reagiert ein Teil des Luftstickstoffs zu Stickstoffoxiden. Ebenso werden sie bei der Verwendung von Düngern in der Landwirtschaft frei.

Der Treibhauseffekt wird verstärkt

Der Gehalt an Kohlenstoffdioxid in der Atmosphäre war über viele Jahrhunderte nahezu gleichbleibend. Doch seit Beginn der Industrialisierung vor rund 200 Jahren hat die Förderung und Verbrennung fossiler Brennstoffe stark zugenommen. Damit wuchs die Emission der Treibhausgase stark an – vor allem die von Kohlenstoffdioxid. Gleichzeitig kann man einen Anstieg der globalen Durchschnittstemperatur messen. Dieses vom Menschen verursachte Phänomen wird **anthropogener Treibhauseffekt** genannt.

Auswirkungen des Klimawandels

Klimaforscher erstellen Klimamodelle, um die Auswirkungen des Klimawandels vorhersagen zu können. Sie sind sich aber aufgrund unterschiedlicher Berechnungen nicht einig, welche Folgen genau zu erwarten sind. Unstrittig ist aber,
– dass es immer häufiger Dürrekatastrophen auf der Erde geben wird,
– dass immer mehr Feuchtigkeit in der Luft zu heftigeren Unwettern führen wird,
– dass das Eis an den Polen und in hochgelegenen Gletschergebieten abschmelzen wird,
– dass der Meeresspiegel ansteigen wird,
– dass die Wetterextreme zunehmen werden (▷ B1).

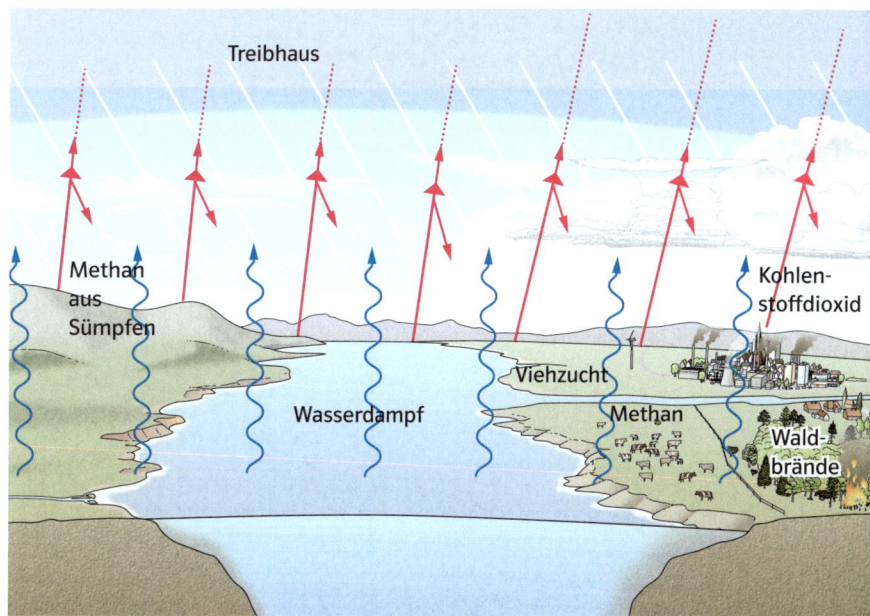

2 Der Treibhauseffekt – von Menschen „angeheizt"

Der Mensch verstärkt durch die Nutzung fossiler Energieträger und die Freisetzung von Kohlenstoffdioxid den natürlichen Treibhauseffekt.
Der anthropogene Treibhauseffekt sorgt für eine globale Erwärmung. Die Folgen dieses Klimawandels sind noch nicht absehbar.

AUFGABEN

1 ○ Beschreibe, was der natürliche Treibhauseffekt auf der Erde bewirkt.

2 ○ Zähle die im Text genannten Treibhausgase auf und gib an, wodurch sie entstehen.

3 ◒ Erläutere die Begriffe „Absorption" und „Emission" mit eigenen Worten.

4 Heutzutage nutzen wir viel mehr elektrische Energie als früher.
◒ a) Beschreibe die Vorteile für dein tägliches Leben.
◒ b) Erläutere, welche Auswirkungen die vermehrte Nutzung für die Umwelt hat.
● c) Nimm Stellung zum steigenden Energiebedarf unserer Gesellschaft.

5 ● Stelle Vermutungen darüber an, welche Folgen der Klimawandel für die Skigebiete der Alpen haben wird.

59

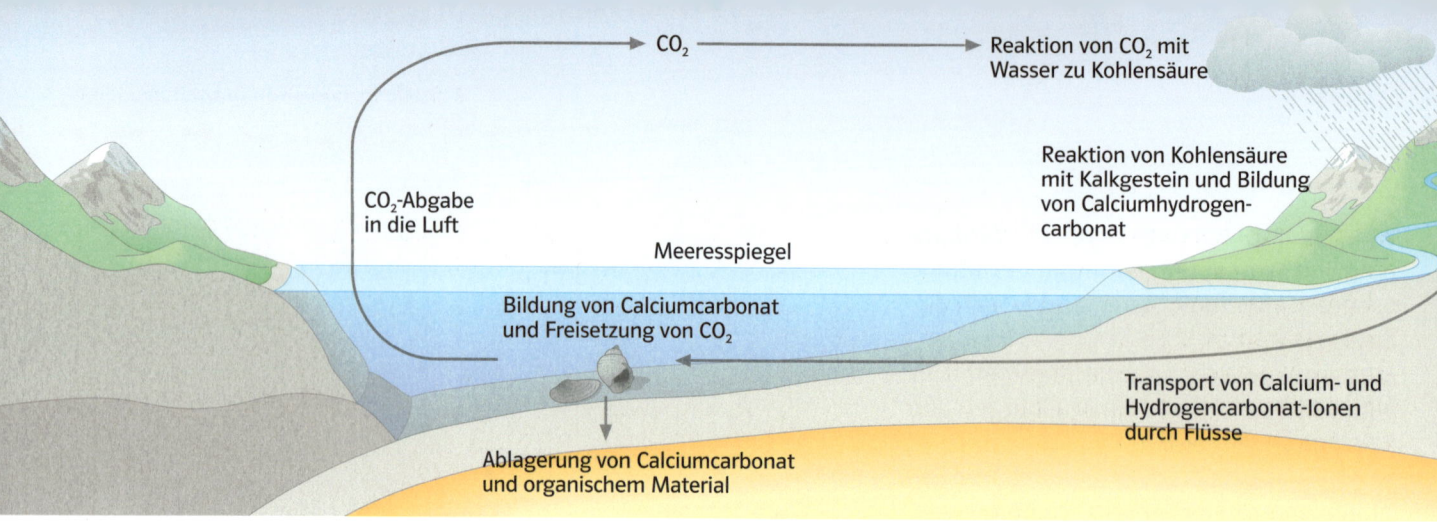

1 Der geologische Kohlenstoff-Kreislauf

Der Kohlenstoff-Kreislauf

Das Element Kohlenstoff ist in sehr vielen Verbindungen enthalten. Beispiele sind Kohlenstoffdioxid, Kohlensäure, Kohlenhydrate, Kohlenwasserstoffe und Kalk. Kohlenstoff ist deshalb an unterschiedlichen Stellen gespeichert: in der Atmosphäre, in lebenden Organismen, im Boden, im Meer, in fossilen Brennstoffen und im Gestein. In der Atmosphäre ist am wenigsten Kohlenstoff gespeichert, im Gestein am meisten. Zwischen den Kohlenstoff-Speichern findet ein ständiger Austausch statt, den der **Kohlenstoff-Kreislauf** beschreibt.
(► Chemische Reaktion, S. 96/97)

Der geologische Kohlenstoff-Kreislauf
Der Anteil von Kohlenstoffdioxid CO_2 in der Luft beträgt etwa 0,04 %. Ein Teil des Kohlenstoffdioxids reagiert bei Regen mit dem Wasser zu Kohlensäure H_2CO_3:

$$CO_2 + H_2O \longrightarrow H_2CO_3$$

Wenn die Kohlensäure auf Kalkgestein (Calciumcarbonat $CaCO_3$) trifft, entstehen wasserlösliche Calcium-Ionen Ca^{2+} und Hydrogencarbonat-Ionen HCO_3^-:

$$H_2CO_3 + CaCO_3 \longrightarrow Ca^{2+} + 2\ HCO_3^-$$

Die Ionen werden von den Flüssen ins Meer transportiert. Meereslebewesen wie Korallen, Muscheln, Schnecken oder Plankton nutzen die Ionen im Wasser, um ihre Außenskelette oder Schalen aus Kalk aufzubauen. Bei diesem Vorgang wird wieder Kohlenstoffdioxid freigesetzt. Nach dem Absterben sinken die Meereslebewesen zu Boden und bilden kalkhaltige Ablagerungen (▷ B 1).

Der biologische Kohlenstoff-Kreislauf
Bei der Fotosynthese bauen grüne Pflanzen aus Kohlenstoffdioxid und Wasser verschiedene Kohlenstoff-Verbindungen auf, vor allem Kohlenhydrate. Dafür benötigen die Pflanzen die Energie der Sonne.
Bei der Fotosynthese entsteht auch Sauerstoff. Tiere und Menschen benötigen den Sauerstoff für die Zellatmung. Gleichzeitig gewinnen sie Energie aus dem Abbau der Kohlenstoff-Verbindungen, die sie über die Nahrung aufgenommen haben. Bei der Atmung wird wieder Kohlenstoffdioxid frei.

Der marine Kohlenstoff-Kreislauf
Auch zwischen der Atmosphäre und den Meeren gibt es einen Kreislauf. Im Meerwasser kann sich Kohlenstoffdioxid aus der Atmosphäre lösen. Das gelöste Kohlenstoffdioxid kann jedoch auch wieder abgegeben werden. Dies hängt von verschiedenen Faktoren ab: Wenn sich warme Meeresströmungen abkühlen, nimmt die

Dichte des Wassers zu und das Wasser sinkt in die Tiefe. Dadurch wird ein Teil des gelösten Kohlenstoffdioxids in die kalte Tiefsee transportiert und dort gespeichert. Wenn sich das Meerwasser dagegen an der Oberfläche erwärmt, wird Kohlenstoffdioxid an die Atmosphäre abgegeben. Ein Teil des Kohlenstoffdioxids reagiert mit Meerwasser zu Kohlensäure. Dies führt dazu, dass der pH-Wert des Meerwassers sinkt. Man spricht von der **Versauerung** der Meere. Da saure Lösungen mit Kalk reagieren, hat die Versauerung schwerwiegende Folgen für Korallen, Schnecken oder Muscheln.

Der Kohlenstoff-Kreislauf in Bewegung

Die Vorgänge des weltweiten Kohlenstoff-Kreislaufs verändern sich ständig. Forscher entwerfen daher Modelle, um die Veränderungen zu berechnen. Da sie Aussagen über die Zukunft machen, müssen sie dazu Vorgänge vereinfachen. Diesen Vorgang nennt man **Modellierung**. Das Ziel der Forscher ist es, immer bessere Vorhersagen machen zu können und Auswege aus dem Klimawandel zu finden.

Ziel: Kohlenstoff dauerhaft speichern

Eine sinnvolle Maßnahme gegen den Klimawandel wäre es, große Mengen an Kohlenstoffdioxid in andere Verbindungen umzuwandeln und so dauerhaft zu speichern. Solche Speicher nennt man **Kohlenstoffsenken**.

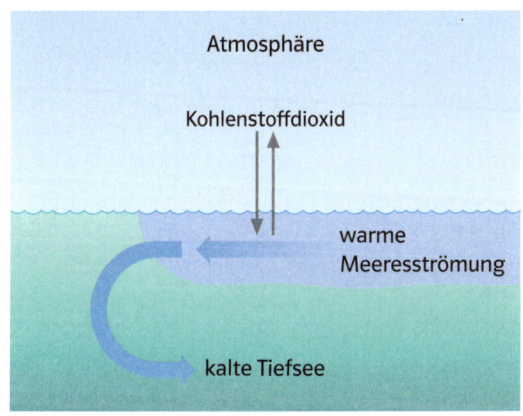

2 Der marine Kohlenstoff-Kreislauf

3 Die Versauerung der Meere ist eine Gefahr für Korallen.

Eine Möglichkeit zur Speicherung ist beispielsweise die Aufforstung von Wäldern. Beim Wachstum neuer Bäume wird durch die Fotosynthese Kohlenstoffdioxid aus der Atmosphäre entfernt und in den Pflanzen gespeichert.

Es gibt verschiedene Speicher für das Element Kohlenstoff auf der Erde. Den Austausch zwischen ihnen nennt man Kohlenstoff-Kreislauf. Man unterscheidet den geologischen, den biologischen und den marinen Kohlenstoff-Kreislauf.

Eine Kohlenstoffsenke ist ein natürlicher Speicher für das Element Kohlenstoff.

AUFGABEN

1 ○ Nenne fünf verschiedene Kohlenstoff-Speicher.

2 ○ Formuliere das Reaktionsschema für die Fotosynthese und das Reaktionsschema für die Atmung.

3 ◐ Erläutere, welcher Vorgang im geologischen Kohlenstoff-Kreislauf zu einer Kohlenstoffsenke führt.

4 ◐ Erkläre ausführlich, wie es zu einer Versauerung der Meere kommt.

5 ● Viele Korallen haben ein Skelett aus Kalk. Es wird aus Ionen aufgebaut, die im Meerwasser vorliegen. Stelle für die Bildung des Kalks die Reaktionsgleichung auf.

Kreisläufe verstehen

○ **A1** Ergänze die freien Felder des biologischen Kohlenstoff-Kreislaufs mit folgenden 7 Begriffen: Sonnenenergie, Verbrennung, Kohlenstoffdioxid + Wasser, Energie (z.B. Wärme, Licht), Atmung, Kohlenstoff-Verbindungen + Sauerstoff, Fotosynthese

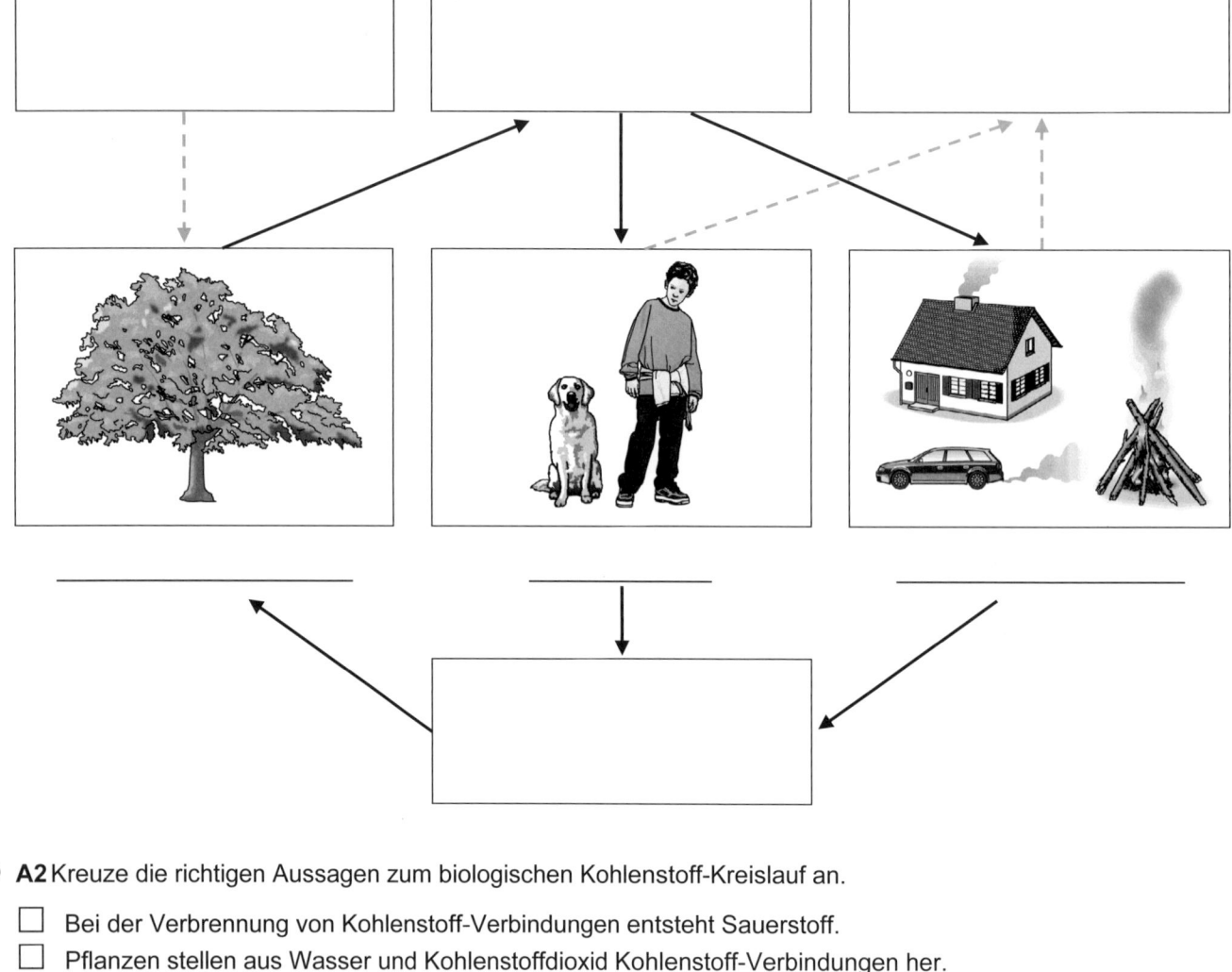

○ **A2** Kreuze die richtigen Aussagen zum biologischen Kohlenstoff-Kreislauf an.

☐ Bei der Verbrennung von Kohlenstoff-Verbindungen entsteht Sauerstoff.

☐ Pflanzen stellen aus Wasser und Kohlenstoffdioxid Kohlenstoff-Verbindungen her.

☐ Beim Atmungsvorgang wird Energie (beispielsweise in Form von Wärme) benötigt.

☐ Damit die Fotosynthese ablaufen kann, wird Sonnenenergie benötigt.

☐ Bei der Atmung entstehen immer Wasser und Kohlenstoffdioxid

◒ **A3** Korrigiere die falschen Aussagen aus A2, sodass sie richtig werden. Schreibe sie dann in dein Heft.

● **A4** Erläutere die Auswirkungen auf den Kohlenstoff-Kreislauf, wenn Regenwald durch Brandrohdung vernichtet wird, um Grasflächen für die Viehhaltung zu schaffen.

_____

_____

_____

_____

Klimawandel in der Diskussion

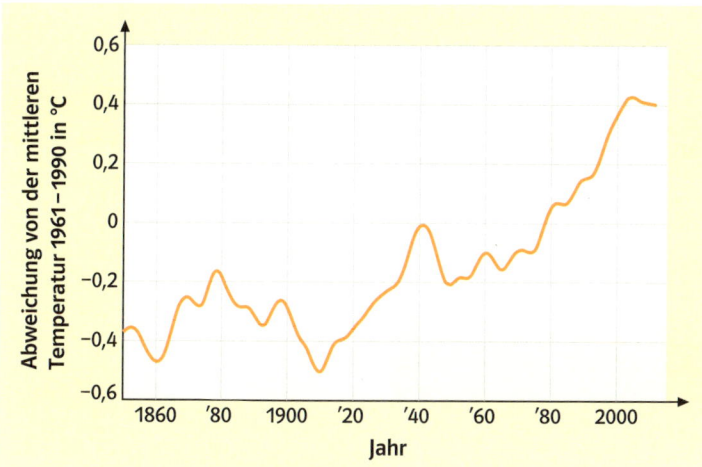

1 Veränderung der mittleren Temperatur auf der Erde zwischen 1850 und 2012

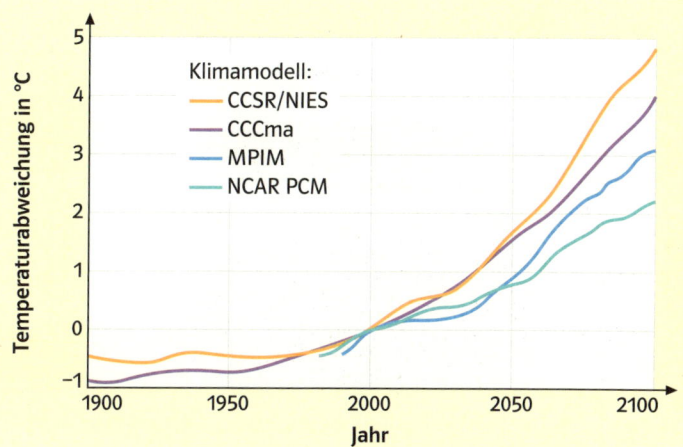

2 Mögliche Temperaturveränderungen auf der Erde in der Zukunft

Über die Ursachen und Folgen des Klimawandels wird in der Politik und in den Medien oft diskutiert: Wie stark wird sich das Klima ändern? Ist der Mensch wirklich schuld am Klimawandel?

Weltweite Zusammenarbeit

Der Klimawandel ist ein globales Problem. Um die Zusammenarbeit der Regierungen und der Klimaforscher zu verbessern, wurde 1988 der **Weltklimarat** der Vereinten Nationen (IPCC) gegründet. Das Ziel dieser Organisation ist es, alle bisherigen Forschungsergebnisse zusammenzutragen und Aussagen über zukünftige Klimaveränderungen zu formulieren. Zusätzlich treffen sich einmal jährlich Vertreter der Vereinten Nationen zu einer **Weltklimakonferenz**, um Vereinbarungen zum Klimaschutz zu treffen (Kyoto-Protokoll).

Sichere Erkenntnis

Im Bericht des Weltklimarates steht: „Die Erwärmung des Klimasystems ist eindeutig und es ist äußerst wahrscheinlich, dass der menschliche Einfluss die Hauptursache der beobachteten Erwärmung seit Mitte des 20. Jahrhunderts war." Die Wahrscheinlichkeit wird mit 95 bis 100 % angegeben.

Unsichere Zukunft

Das weltweite Klimasystem ist sehr komplex. Daher gibt es unterschiedliche Modelle, um das Ausmaß der Temperaturveränderungen auf der Erde vorherzusagen (▷ B 2). Die meisten Klimaforscher gehen davon aus, dass sich die durchschnittliche Erdtemperatur in 100 Jahren um 1,5 bis 4,5 °C erhöhen wird. Das klingt wenig, aber seit der letzten Eiszeit vor 1000 Jahren stieg die Temperatur im Durchschnitt nur um 1 °C an. Die Erwärmung der Erde beschleunigt sich also stark.

Der Weltklimarat und die Weltklimakonferenz beraten über Ursachen und Folgen des Klimawandels.

AUFGABEN

1 ○ Beschreibe, wozu es den Weltklimarat und die Weltklimakonferenz gibt.

2 ◒ Erläutere, worin sich Bild 1 und Bild 2 voneinander unterscheiden.

3 ● Beurteile mithilfe von Bild 1 die Aussage: „Die Erwärmung des Klimasystems ist eindeutig."

1 Solarzellen nutzen Sonnenenergie. **2** Windkraftwerk **3** Wasserkraftwerk

Alternativen zur fossilen Energie

Die Vorräte an fossilen Energieträgern sind weltweit begrenzt. Auch das Treibhausgas Kohlenstoffdioxid, das bei der Verbrennung fossiler Energieträger entsteht, stellt ein Problem dar. Doch womit werden wir in 40 Jahren heizen und unsere Autos antreiben? Woraus werden wir Strom gewinnen?

Erneuerbare Energien
In Deutschland nutzen die Menschen inzwischen verstärkt **erneuerbare**

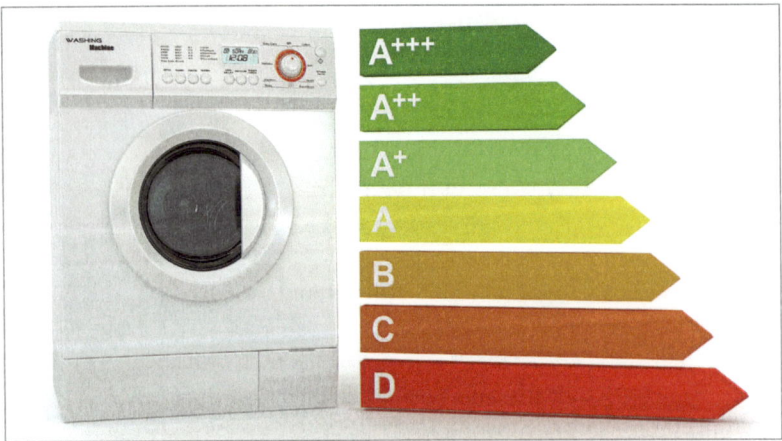

4 Das EU-Energielabel zeigt die Effizienz von Elektrogeräten.

Energieträger. Sie sind fast unbegrenzt verfügbar oder erneuern sich immer wieder. Sie werden auch **regenerative Energieträger** genannt. Zu den erneuerbaren Energien gehören zum Beispiel Sonnenenergie, Windenergie, Energie aus Wasserkraft, Energie aus Biomasse, Gezeitenenergie und Erdwärme (▷ B1 – B3). Die Energie wird auf unterschiedliche Weise in elektrischen Strom, Wärme oder in Treibstoffe umgewandelt.

Erneuerbare Energien werden in Zukunft eine immer größere Rolle spielen, denn sie haben den Vorteil, dass sie wenig klimaschädliches Kohlenstoffdioxid erzeugen. Allerdings stehen diese regenerativen Energieträger nicht ohne Weiteres zur Verfügung. So ist zum Beispiel die Windenergie nur dort nutzbar, wo der Wind regelmäßig weht. Will man die gewonnene elektrische Energie in anderen Landesteilen nutzen, muss man viele Stromleitungen bauen.

Früher waren die Kosten für die Nutzung von regenerativen Energieträgern sehr hoch. Seit einigen Jahren wird in

Deutschland der Ausbau von Kraftwerken mit regenerativen Energieträgern deutlich vorangetrieben und finanziell gefördert. Mit diesen Anstrengungen soll der Anteil an regenerativen Energieträgern in den nächsten Jahren deutlich gesteigert werden.

Energie speichern

Um die regenerativen Energieträger sinnvoll nutzen zu können, werden leistungsfähige Speichermöglichkeiten für die gewonnene Energie immer wichtiger. Denn auch bei wolkigem Himmel oder bei Windstille benötigen wir Strom. Die überschüssige Energie, die bei starker Sonneneinstrahlung erzeugt wird, nutzt man beispielsweise, um Wasser bergauf zu pumpen. Steigt der Strombedarf, kann das Wasser bergab fließen und einen Generator antreiben. Man kann mit der überschüssigen Energie auch Akkumulatoren aufladen, die Energie speichern. Allerdings sind leistungsfähige Akkumulatoren häufig sehr schwer und teuer. Auch die Lebensdauer von Akkumulatoren ist oft noch zu kurz für eine langfristige Anwendung.
Eine weitere Möglichkeit ist die Erzeugung von Wasserstoff als Energieträger. Die bei der Verbrennung von Wasserstoff abgegebene Energie kann dann wieder genutzt werden.

Energie sparen

Auch wir Verbraucher sind gefordert: Wir müssen Energie sparen. Hierfür gibt es viele Möglichkeiten. Wir können Fahrzeuge mit geringem Treibstoffverbrauch fahren und stromsparende Lampen überall im Haus verwenden. Hauseigentümer können die Häuser mit einer Wärmedämmung versehen, um weniger heizen zu müssen. Alte elektrische Geräte wie Kühlschränke oder Waschmaschinen sollten wir gegen neue austauschen, da neue Geräte häufig energiesparender sind. Das EU-Energielabel gibt Auskunft über die Energieeffizienz von Elektrogeräten (▷ B 4).
(► Energie, S. 100/101)

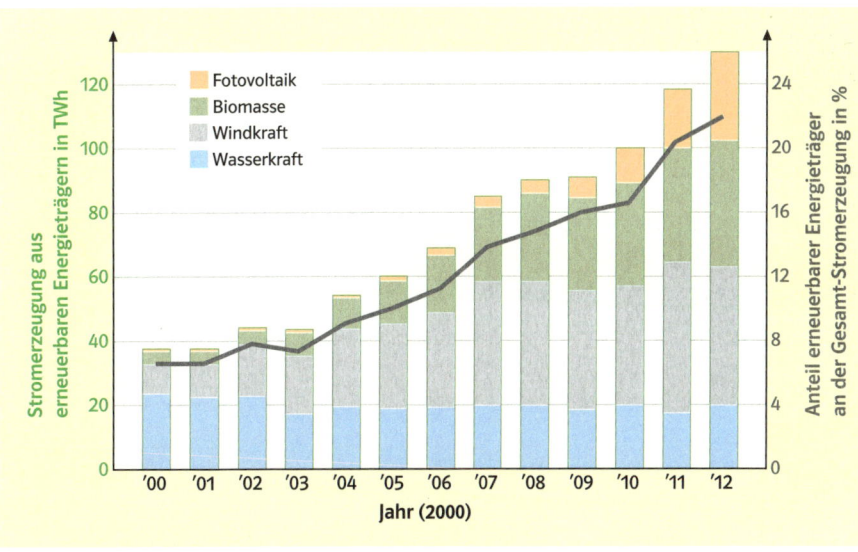

5 Stromerzeugung aus erneuerbaren Energien

Regenerative Energieträger sind wichtige Alternativen zu fossilen Energieträgern, die nur begrenzt zur Verfügung stehen. Gleichzeitig werden Speichermöglichkeiten für erneuerbare Energien immer wichtiger.
Auch Energiesparen schont Rohstoff-Vorräte.

AUFGABEN

1 ○ Erläutere den Begriff „regenerative Energieträger" in eigenen Worten.

2 ○ a) Nenne die im Text genannten Maßnahmen, mit denen Verbraucher Energie sparen können.
◒ b) Beschreibe weitere Möglichkeiten.

3 ◒ Werte das Diagramm in Bild 5 aus, indem du fünf passende Aussagen dazu formulierst.

4 Deutschland fördert die erneuerbaren Energien stark.
◒ a) Erläutere an mehreren Beispielen, warum dies sinnvoll ist.
● b) Stelle Vermutungen an, zu welchen Problemen die Förderung der erneuerbaren Energien führen kann.

5 ● Heute wird manchmal Rapsöl als Treibstoff oder Brennstoff verwendet. Erkläre, welchen Einfluss dies auf den Kohlenstoff-Kreislauf hat.

Regenerative Energieträger

○ **A1** Welche Problematik bringt die Nutzung von Energieträgern wie Kohle, Erdöl und Erdgas mit sich? Ergänze den folgenden Text.

Da _____ Brennstoffe wie _____, _____ und _____ schon vor Jahrmillionen

entstanden sind und nun nach und nach _____ werden, geht ihr Vorrat irgendwann zur Neige.

Außerdem steigt durch die _____ dieser Stoffe der Gehalt an _____ -

_____ in der Atmosphäre, wodurch es zu einer globalen _____ kommt. Daher gewinnen

regenerative (= _____) Energiequellen als Ersatz für die fossilen Brennstoffe immer mehr an

Bedeutung.

○ **A2** Die folgenden Bilder zeigen regenerative Energiequellen. Beschreibe jeweils kurz, wie man sie nutzt.

○ **A3** Erläutere Faktoren, die die Nutzung von Solarzellen und Windkraftanlagen einschränken.

Klimaforschung im ewigen Eis

Klimaforscher untersuchen, wie sich das Klima im Vergleich zu früher verändert hat. Aber woher weiß man, wie das Klima vor mehreren Tausend Jahren war?

Mit Eis in die Vergangenheit
Eine Möglichkeit dafür ist, das Eis an den Polen der Erde zu untersuchen. Dafür gibt es in der Antarktis mehrere Forschungsstationen (▷ B 2). Hier herrscht ewiges Eis, und jedes Jahr kommt eine neue Eisschicht hinzu.

Um das Eis zu untersuchen, bohrt man mit einem Hohlbohrer in die Tiefe und bekommt dabei einen Eisbohrkern, den man untersuchen kann (▷ B 1). Der Eisbohrkern enthält Eisschichten, die den Jahresringen eines Baumes ähneln. Schon die Dicke der Schicht gibt Aufschluss über die Niederschlagsmenge des jeweiligen Jahres. Für die Klimaforschung sind vor allem die winzigen Luftbläschen interessant, die im Eis eingeschlossen sind. Die Forscher ermitteln darin die Mengen an Kohlenstoffdioxid und Methan, um mehr über das damalige Klima zu erfahren.

2 Forschungsstation in der Antarktis

Arbeiten unter schwierigen Bedingungen
Die Arbeit in der Antarktis ist nicht einfach. Ein halbes Jahr lang ist es am Südpol dunkel und auch sehr kalt. Die Durchschnittstemperaturen liegen zwischen −68 °C und −18 °C. Schiffe oder Flugzeuge müssen die Forscher mit Lebensmitteln und Treibstoff versorgen. In den Wintermonaten ist dies aber wegen der heftigen Stürme oft nicht möglich.

AUFGABEN

1 ⊖ Begründe, weshalb ein Eisbohrkern Daten aus der Vergangenheit liefert.

2 ⊖ Erkläre, warum neuere Forschungsstationen in der Antarktis auf Stützen gebaut wurden.

3 ● Forscher im ewigen Eis leisten einen wichtigen Beitrag zur Erforschung des Klimawandels. Stelle Vermutungen darüber an, was aktuell an den Polen erforscht wird.

4 ● Recherchiere, wie alt das älteste Eis ist, das man bislang untersucht hat.

1 Eisbohrkerne liefern Informationen über das Klima.

Zusammenfassung

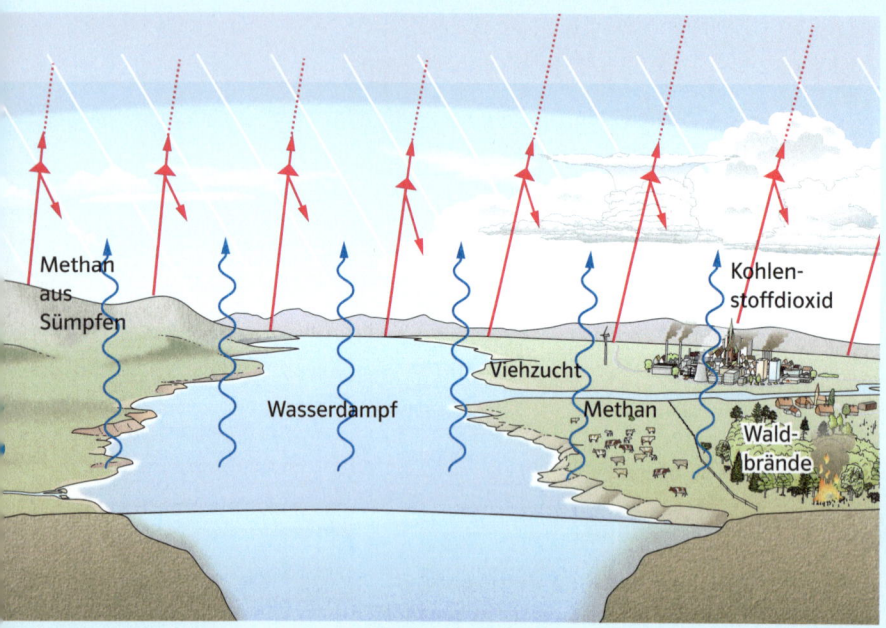

1 Natürlicher und anthropogener Treibhauseffekt

Fossile Energieträger

Kohle, Erdöl und Erdgas sind fossile Energieträger. Sie haben sich in vielen Millionen Jahren aus abgestorbenen Pflanzen und Plankton unter Luftabschluss gebildet. Sie stehen deshalb nur begrenzt zur Verfügung. In fossilen Brennstoffen ist chemische Energie gespeichert. Bei der Verbrennung wird Energie frei, die man zur Stromerzeugung, zum Heizen oder zum Antrieb von Kraftfahrzeugen nutzen kann. Bei der Verbrennung fossiler Energieträger entsteht jedoch auch Kohlenstoffdioxid CO_2, was das Klima belastet.

Natürlicher Treibhauseffekt

Die Lufthülle der Erde (Atmosphäre) wirkt wie das Glas eines Treibhauses. Sonnenstrahlen dringen durch die Atmosphäre hindurch und erwärmen die Erdoberfläche. Die Wärmestrahlung des Bodens wird von den Treibhausgasen der Atmosphäre teilweise zurückgehalten und die Temperatur auf der Erde steigt an (▷ B 1).

Anthropogener Treibhauseffekt

Durch den Menschen gelangen immer mehr Treibhausgase in die Atmosphäre, vor allem Kohlenstoffdioxid und Methan (▷ B 1). Dadurch wird der natürliche Treibhauseffekt verstärkt und die Temperatur auf der Erde steigt. Man nennt dies globale Erwärmung oder Klimawandel. Die Folgen des Klimawandels sind noch nicht absehbar. Sie werden mithilfe verschiedener Klimamodelle berechnet und vorhergesagt.

Kohlenstoff-Kreislauf

Auf der Erde gibt es viele Kohlenstoff-Verbindungen, die in verschiedenen Kohlenstoff-Speichern gebunden sind. Zwischen diesen Speichern findet ein ständiger Austausch in Form von Kreisläufen statt. Beispiele hierfür sind der geologische und der biologische Kohlenstoff-Kreislauf.

Kohlenstoffsenke

Eine Kohlenstoffsenke ist ein natürlicher Speicher für das Element Kohlenstoff. Kohlenstoffdioxid aus der Atmosphäre wird aufgenommen und in Kohlenstoff-Verbindungen umgewandelt.

Weltklimarat und Weltklimakonferenz

Der Klimawandel ist ein globales Problem. Deshalb gibt es den Weltklimarat, der Forschungsergebnisse zum Klimawandel sammelt. Einmal im Jahr findet eine Weltklimakonferenz statt, um Vereinbarungen zum Klimaschutz zu treffen.

Regenerative Energieträger

Als regenerative oder erneuerbare Energieträger bezeichnet man Energieträger, die ständig nachwachsen oder regelmäßig zur Verfügung stehen. Dazu gehören vor allem Sonnenenergie, Windenergie, Energie aus Wasserkraft, Biomasse und Erdwärme.

AUFGABEN

1 ○ Zähle die fossilen Brennstoffe auf und gib an, woraus sie entstanden sind.

👍 Super! ❓ ► S. 54/55

2 ○ Nenne drei Bereiche, in denen der Mensch fossile Energieträger nutzt.

👍 Super! ❓ ► S. 54/55

3 ○ Welcher Stoff entsteht immer bei der Verbrennung fossiler Brennstoffe? Gib den Namen und die Formel an.

👍 Super! ❓ ► S. 58/59

4 ○ Zähle mindestens vier Folgen auf, die der Klimawandel haben wird.

👍 Super! ❓ ► S. 58/59

5 ○ Nenne mindestens fünf regenerative Energien.

👍 Super! ❓ ► S. 64/65

6 ○ Setze die wichtigsten Begriffe dieses Kapitels richtig zusammen: kreislauf – Energie – wandel – konferenz – Treib – Welt – effekt – Kohlen – haus – Klima – träger – klima – stoff

👍 Super! ❓ ► S. 54/55, 58 – 61, 63

7 ◕ Erkläre die Aussage: „Wenn wir fossile Brennstoffe verwenden, nutzen wir gespeicherte Sonnenenergie."

👍 Super! ❓ ► S. 54/55

8 ◕ Vergleiche den natürlichen und den anthropogenen Treibhauseffekt.

👍 Super! ❓ ► S. 58/59

9 ◕ Zeichne ein Schema des biologischen Kohlenstoff-Kreislaufs.

👍 Super! ❓ ► S. 60/61

10 ◕ Begründe, weshalb die Aufforstung von Wäldern zu einer Kohlenstoffsenke führt.

👍 Super! ❓ ► S. 60/61

11 ◕ Erläutere, warum der vermehrte Einsatz regenerativer Energieträger sinnvoll ist.

👍 Super! ❓ ► S. 64/65

12 ● Die Verstärkung des Treibhauseffekts durch den Menschen führt zum Klimawandel. Fasse Möglichkeiten zusammen, wie man dem anthropogenen Treibhauseffekt entgegenwirken kann.

👍 Super! ❓ ► S. 60/61, 64/65

13 ● Stelle Vermutungen darüber an, warum einige Menschen leugnen, dass es den Klimawandel gibt.

👍 Super! ❓ ► S. 58/59, 63

2 Windkraftanlage

► Musterlösungen auf den Seiten 108 – 109

4 Mobile Energieträger

– Was hat eine Batterie mit Chemie zu tun?

– Welche Batterietypen kennst du? Wo werden sie eingesetzt?

– Warum werden Batterien nicht in den Hausmüll gegeben, sondern gesondert entsorgt?

– Wie kann man elektrische Energie speichern?

– Welche Vorteile und Nachteile eines elektrisch betriebenen Autos kennst du?

Energie aus Batterien

1 Batterien liefern unterwegs elektrischen Strom.

Batterien sind verschieden

Wenn das Licht einer Taschenlampe immer schwächer wird, muss man die Batterien wechseln. In Supermärkten gibt es sehr viele verschiedene Batterien. Sie unterscheiden sich nicht nur in Form und Größe, sondern liefern auch verschiedene Spannungen. Die elektrische Spannung wird in Volt (V) angegeben. Sie ist ein Maß dafür, wie stark die Elektronen „angetrieben" werden. Doch wie funktioniert eigentlich eine Batterie?

Batterien sind Energieumwandler

Eine Taschenlampe benötigt elektrische Energie. In einer Batterie wird durch eine chemische Reaktion chemische Energie in elektrische Energie umgewandelt (▷ B 2). Aus energiereichen Stoffen in der Batterie entstehen in einer exothermen Reaktion Stoffe, die weniger chemische Energie enthalten. Die elektrische Energie kann in elektrischen Geräten genutzt werden, beispielsweise in einer Taschenlampe. Dadurch benötigt man keine Steckdose. Ist der Vorrat an gespeicherter Energie erschöpft, muss die Batterie ersetzt werden. Akkumulatoren (kurz: Akkus) lassen sich dagegen wieder aufladen. Dabei wird die chemische Reaktion durch Zufuhr elektrischer Energie umgekehrt. Das Laden des Akkus ist eine endotherme Reaktion. Es entstehen wieder die energiereicheren Ausgangsstoffe.

Batterien und Akkus haben unterschiedliche Formen und unterschiedliche Spannungen. Akkus sind wiederaufladbar.

In Batterien und Akkus ist chemische Energie gespeichert. Sie wird bei der Nutzung durch eine exotherme Reaktion in elektrische Energie umgewandelt.

AUFGABEN

1 ○ Beschreibe die Unterschiede, die du an Batterien im Supermarkt feststellen kannst.

2 ○ Nenne mindestens fünf Beispiele für die Verwendung von Batterien im Alltag.

3 ◑ Erläutere, was man unter elektrischer Spannung versteht. Gib auch die Einheit der elektrischen Spannung an.

4 ● Batterien unterscheiden sich nicht nur in ihrer äußeren Form. Es gibt auch Unterschiede in ihrem Inneren. Recherchiere, welche Stoffe in verschiedenen Batterien enthalten sind.

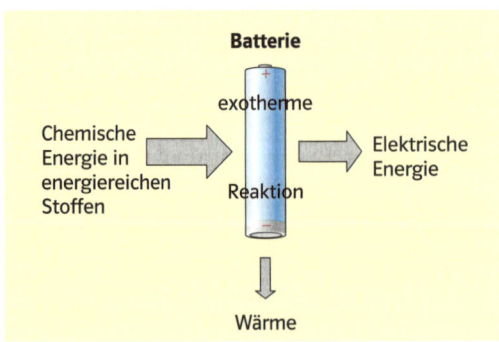

2 Energieumwandlung in einer Batterie

Die Elektrolyse einer Salzlösung

Um die Abläufe in Batterien zu verstehen, betrachten wir zunächst die Elektrolyse von Salzlösungen.

Elektrolyse einer Zinkiodid-Lösung

Ein Beispiel für eine Salzlösung ist eine Lösung von Zinkiodid in Wasser. Sie leitet den elektrischen Strom. Fügt man eine Zinkiodid-Lösung in einen elektrischen Stromkreis ein, findet durch Energiezufuhr eine Elektrolyse statt (▷ V1). Am Minuspol entsteht ein grauer Belag von Zink. Um den Pluspol wird die Lösung gelb, weil sich dort Iod bildet (▷ B1).

Die Zink-Ionen und die Iodid-Ionen können sich in der Lösung bewegen und zu den Polen wandern. Die positiv geladenen Zink-Ionen wandern zum Minuspol und nehmen dort Elektronen auf. Die negativ geladenen Iodid-Ionen wandern zum Pluspol und geben dort Elektronen ab. Durch die Aufnahme oder Abgabe von Elektronen werden die Ionen in Atome umgewandelt (▷ B2). Bei der Elektrolyse einer Zinkiodid-Lösung wird Zinkiodid durch Energiezufuhr in Zink und Iod zerlegt. (► Energie, S.100/101)

Mit Salzlösungen kann eine Elektrolyse durchgeführt werden. Dabei wird das Salz durch Energiezufuhr in seine Elemente zerlegt.

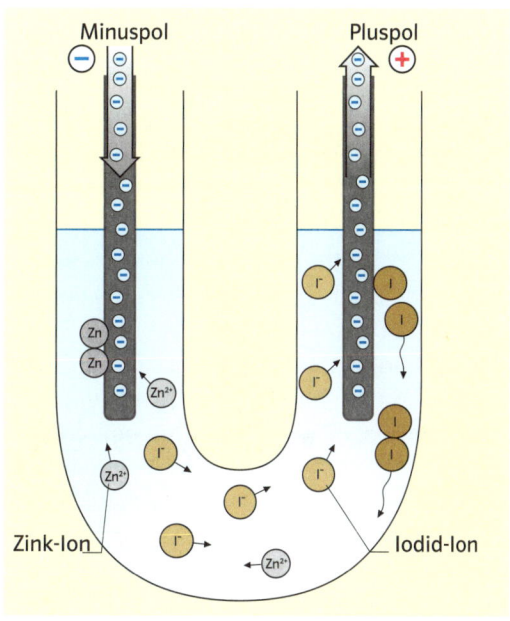

2 Elektrolyse einer Zinkiodid-Lösung im Modell

AUFGABEN

1   ○ a) Nenne die Elemente, die bei der Elektrolyse einer Zinkiodid-Lösung entstehen.
    ○ b) Ordne die Elemente den Polen zu, an denen sie entstehen.

2   ⊖ Beschreibe einen Versuch, mit dem Kupfer aus einer Kupferchlorid-Lösung gewonnen werden kann.

3   ● Bei der Elektrolyse einer Zinkiodid-Lösung laufen unterschiedliche Reaktionen am Minuspol und am Pluspol ab. Stelle die beiden Reaktionsgleichungen auf. Verwende dazu folgende Zeichen: Zn, I_2, Zn^{2+}, I^-, e^-.

VERSUCH

1   Fülle ein U-Rohr mit Zinkiodid-Lösung. Tauche zwei Graphitelektroden in die Lösung und verbinde sie mit einer Gleichspannungsquelle (ca.5V). Beobachte die Veränderungen.

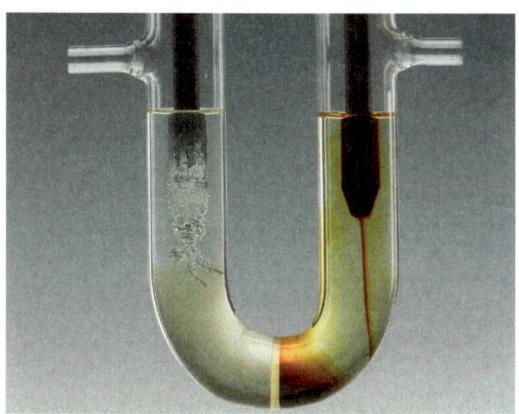

1 Elektrolyse einer Zinkiodid-Lösung

Wie funktioniert eine Batterie?

Bei der Elektrolyse einer Zinkiodid-Lösung werden durch Energiezufuhr Elektronen übertragen, und es entstehen Zink und Iod. Wenn Zink mit Iod reagiert, geben die Zink-Atome Elektronen an die Iod-Atome ab. Dabei wird Energie abgegeben. Um diese Energie in Form von elektrischem Strom nutzen zu können, trennt man die Reaktionsräume im U-Rohr durch eine poröse Trennwand, eine Fritte (▷ B1). Sie verhindert, dass die Elemente direkt miteinander reagieren. Die Reaktion kann erst stattfinden, wenn die Elektronen der Zink-Atome über eine leitende Verbindung zu den Iod-Atomen gelangen. Dieses Prinzip nutzt man in Batterien.

Die Alkali-Mangan-Batterie
Bei der Alkali-Mangan-Batterie reagiert Zink nicht mit Iod, sondern mit Braunstein

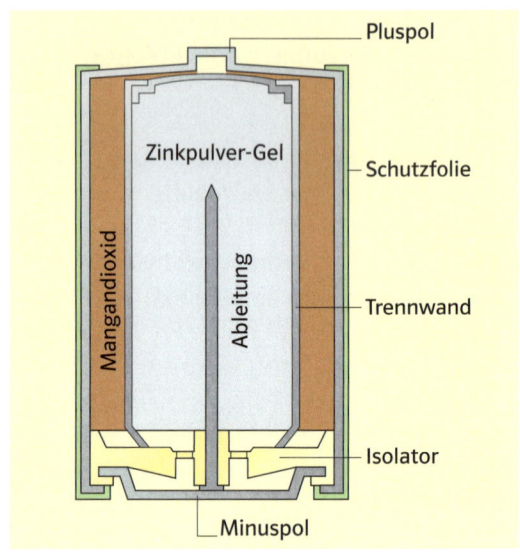

2 Aufbau einer Alkali-Mangan-Batterie

(Mangandioxid). Betreibt man mit der Batterie ein elektrisches Gerät, so fließen Elektronen. Die Elektronen fließen dabei vom Zink am Minuspol durch den Energiewandler, z. B. eine Lampe, über den Pluspol zum Reaktionspartner Braunstein (▷ B 2). Alkali-Mangan-Batterien gibt es als Rundzellen, Knopfzellen und 9-Volt-Blocks. Man nutzt sie in vielen Geräten.
(► Energie, S. 100/101)

Bei der Alkali-Mangan-Batterie fließen Elektronen vom Zink am Minuspol zum Braunstein am Pluspol.

AUFGABEN

1 ○ Beschreibe anhand von Bild 2 den Aufbau einer Alkali-Mangan-Batterie.

2 ○ Nenne die Reaktionspartner in der Alkali-Mangan-Batterie.

3 ◒ Recherchiere Bezeichnungen und Größen von handelsüblichen Batterien.

4 ● Erkläre mithilfe von Bild 1 die grundlegende Funktionsweise einer Batterie.

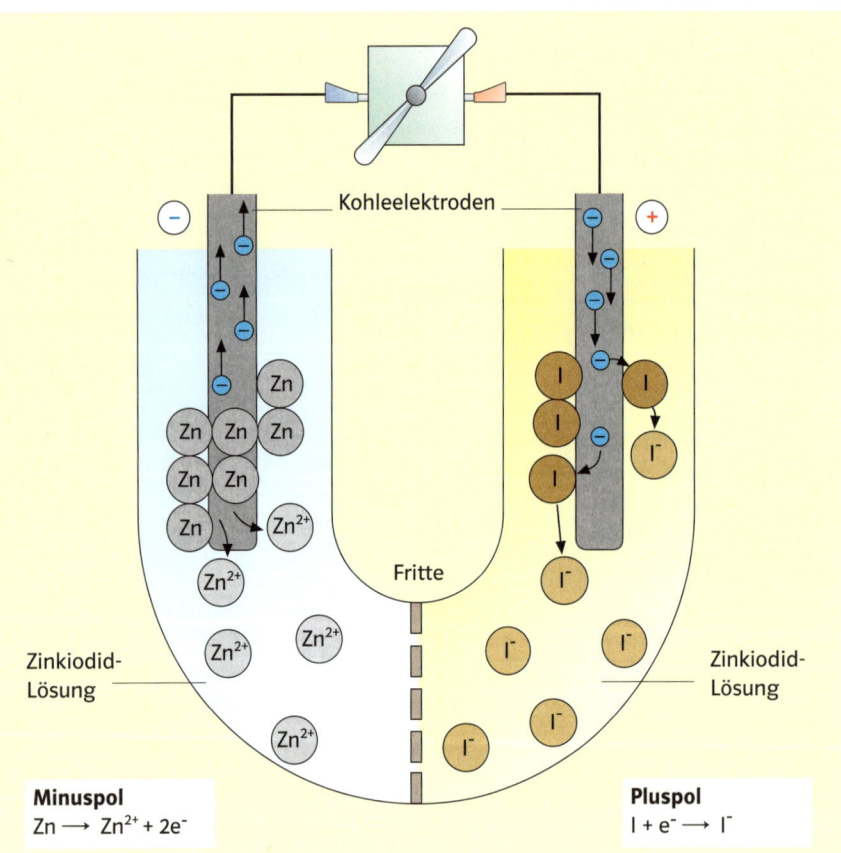

Minuspol
$Zn \longrightarrow Zn^{2+} + 2e^-$

Pluspol
$I + e^- \longrightarrow I^-$

1 Vorgänge bei der Entstehung von Strom

Strom ohne Steckdose

Material

Schutzbrille, Handmultimeter, 2 Experimentierkabel, 2 Krokodilklemmen, Papiertücher, Apfel, destilliertes Wasser, Metallbleche gleicher Größe (ca. 15 mm · 75 mm) aus Zink, Kupfer, Eisen und Silber

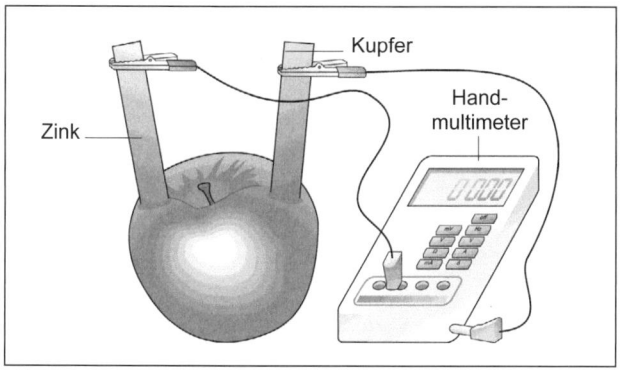

Metallpaar	Spannung
Kupfer / Kupfer	
Kupfer / Zink	
Kupfer / Silber	
Kupfer / Eisen	
Eisen / Zink	
Eisen / Silber	
Zink / Silber	

Versuchsanleitung

Stecke jeweils zwei Metallbleche in den Apfel und miss mit dem Multimeter die Spannung zwischen den in der Tabelle angegebenen Metallpaaren. Spüle die Metallbleche nach jeder Messung mit destilliertem Wasser ab und trockne sie mit einem Papiertuch.

○ **A1** Trage die gemessenen Spannungen in die Tabelle ein.

◑ **A2** a) Ordne die Metalle, indem du feststellst, wie oft sie den Minuspol gebildet haben.

_____

_____

b) Formuliere zu deinem Ergebnis eine allgemeingültige Aussage.

_____

_____

● **A3** Deine Nachbargruppe gibt dir einen Apfel, in dem ein Zinkblech und ein Kupferblech stecken. Du nimmst deinen Apfel, in dem ebenfalls ein Zinkblech und ein Kupferblech stecken. Wie musst du die Äpfel verbinden, damit du eine höhere Spannung als mit einem Apfel erhältst? Überprüfe deine Vermutung im Versuch.

_____

_____

_____

_____

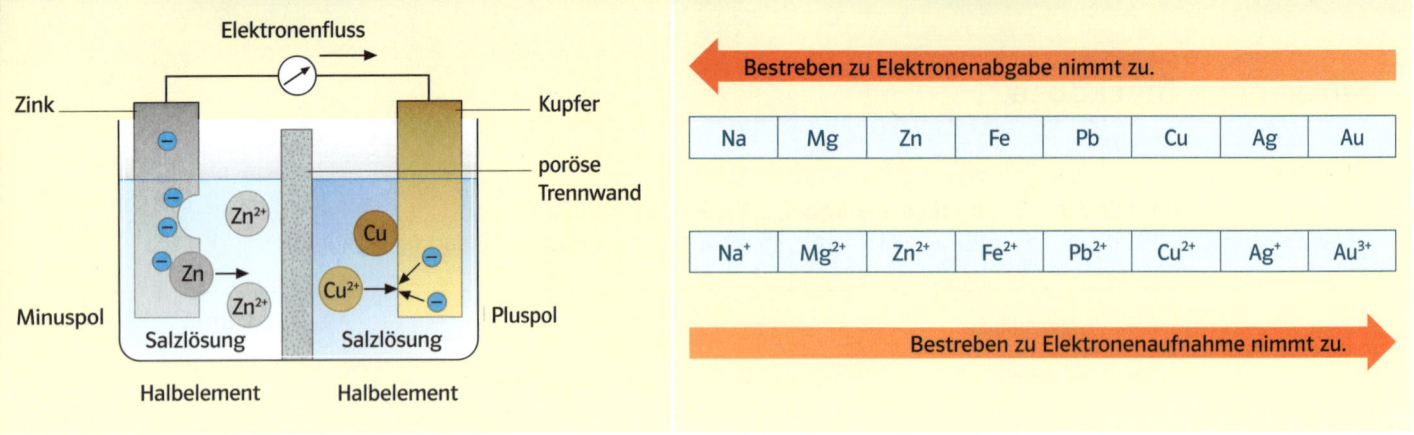

1 Vorgänge in einem galvanischen Element

2 Spannungsreihe: von unedel zu edel

Strom aus galvanischen Elementen

Elektronen fließen

Steckt man ein Kupferblech und ein Zinkblech in eine Frucht, kann man zwischen den beiden Metallen eine elektrische Spannung messen. Die Metalle sind elektrische Pole. Verbindet man die beiden Pole über einen Elektromotor, setzt sich dieser in Bewegung: Der Stromkreis ist geschlossen, und es fließt elektrischer Strom. Dies lässt sich so erklären: Zink ist das unedlere der beiden Metalle. Die Zink-Atome geben Elektronen ab und werden zu Zink-Ionen. Die Elektronen können durch eine leitende Verbindung zum Kupfer fließen. Je unedler ein Metall ist, desto leichter gibt es Elektronen ab. Deshalb fließen die Elektronen immer vom unedleren Metall zum edleren.
(► Energie, S. 100/101)

Galvanische Elemente

Elektrische Spannung kann man auch erzeugen, wenn man die verschiedenen Metallbleche in Salzlösungen taucht. Dazu teilt man ein Glasgefäß durch eine Tonwand in zwei Reaktionsräume, sogenannte **Halbelemente** oder Halbzellen (▷ B 1). In ein Halbelement füllt man Kupfersulfat-Lösung und taucht ein Kupferblech ein. Das andere Halbelement besteht aus einem Zinkblech in einer Zinksulfat-Lösung. Die Salzlösungen enthalten bewegliche Ionen und werden **Elektrolyte** genannt. Zwischen den beiden Metallblechen kann man eine Spannung von etwa 1 Volt messen. Eine

solche Anordnung zur Erzeugung von elektrischer Spannung nennt man **galvanisches Element** oder auch galvanische Zelle. Dabei bildet das unedlere Metall immer den Minuspol.
Wenn man Halbelemente aus unterschiedlichen Metallen kombiniert, erhält man unterschiedliche Spannungswerte. Ordnet man die Metalle nach ihrem Bestreben, Elektronen abzugeben, so erhält man die sogenannte **Spannungsreihe** (▷ B 2). Je weiter zwei Metalle in der Reihe auseinander stehen, desto größer ist die Spannung zwischen ihnen.
(► Stoff und Teilchen, S. 88/89)

In galvanischen Zellen kann man durch chemische Reaktionen Spannung und elektrischen Strom erzeugen. Je unedler ein Metall ist, desto leichter gibt es Elektronen ab.

AUFGABEN

1 ○ Gib an, welches Metall den Minuspol bildet, wenn Eisen und Silber in einer galvanischen Zelle kombiniert werden.

2 ◒ Erläutere den Begriff „Spannungsreihe".

3 ● Begründe, warum die Spannung eines „Apfelkraftwerks" (► S. 75) auch mit einer Zitrone erzeugt werden kann.

Galvani und Volta

GALVANI und die „tierische Elektrizität"

LUIGI GALVANI (1737–1798) war Arzt und Professor für Anatomie an der Universität von Bologna in Italien (▷ B 1). Er untersuchte Muskeln und Nerven von toten Tieren, besonders von Fröschen. Dabei interessierte ihn, wodurch Nerven erregt und Muskeln bewegt werden können.

Im Jahr 1786 beobachtete GALVANI, dass Froschschenkel, die er an Messinghaken an das eiserne Geländer seines Balkons gehängt hatte, jedes Mal heftig zuckten, wenn sie das Geländer berührten. Nach vielen weiteren Versuchen stellte er fest: Der Froschschenkel zuckte nur dann, wenn er den Messinghaken und das Eisengeländer gleichzeitig berührte. GALVANI glaubte, eine Art „tierische Elektrizität" entdeckt zu haben.

VOLTA und die erste „Batterie"

Graf ALESSANDRO VOLTA (1745–1827) war Professor für Physik an den Universitäten Pavia und Padua in Italien (▷ B 2). Nach ihm ist die Einheit der Spannung „Volt" benannt. VOLTA kannte die Versuche von GALVANI. Er konnte nachweisen, dass der Frosch für die Erzeugung von Elektrizität nicht nötig war. Man musste nur zwischen zwei verschiedene Metalle eine leitfähige Flüssigkeit bringen und die Metalle außerhalb des Gefäßes leitend miteinander verbinden. Die erste Batterie war erfunden.

Im Jahr 1796 suchte VOLTA nach einer Möglichkeit, die geringe Spannung dieser „Batterie" zu erhöhen. In der Voltasäule schaltete er so viele Batterieelemente hintereinander, dass eine Spannung von ca. 100 V erreicht wurde. Dazu schichtete er Kupferplättchen, Zinkplättchen und in Salzwasser getränkte Pappstücke regelmäßig übereinander. VOLTA führte seine Erfindung 1801 in Paris vor. Die Voltasäule war die erste Gleichstromquelle zur Erzeugung von elektrischem Strom (▷ B 4).

AUFGABEN

1 ⊖ Erläutere, warum zwei verschiedene Metalle nötig sind, um eine elektrische Spannung zu erzeugen.

2 ● Beschreibe den Weg der Elektronen in VOLTAS erster Batterie.

3 ● Schreibe aus der Sicht VOLTAS einen Brief an GALVANI, in dem steht, warum man für eine Batterie keine Frösche braucht.

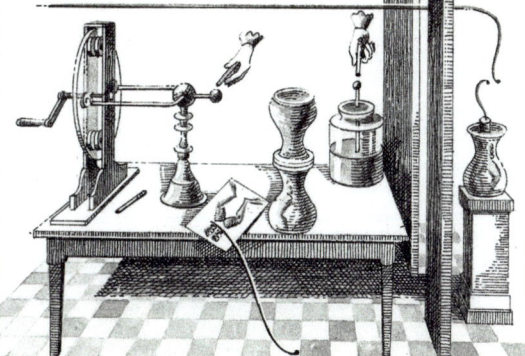
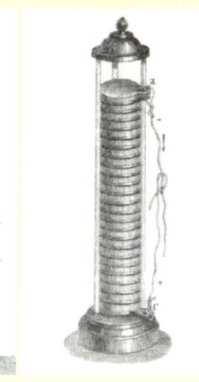

1 LUIGI GALVANI   2 ALESSANDRO VOLTA   3 GALVANIS erster Versuch   4 Die Voltasäule

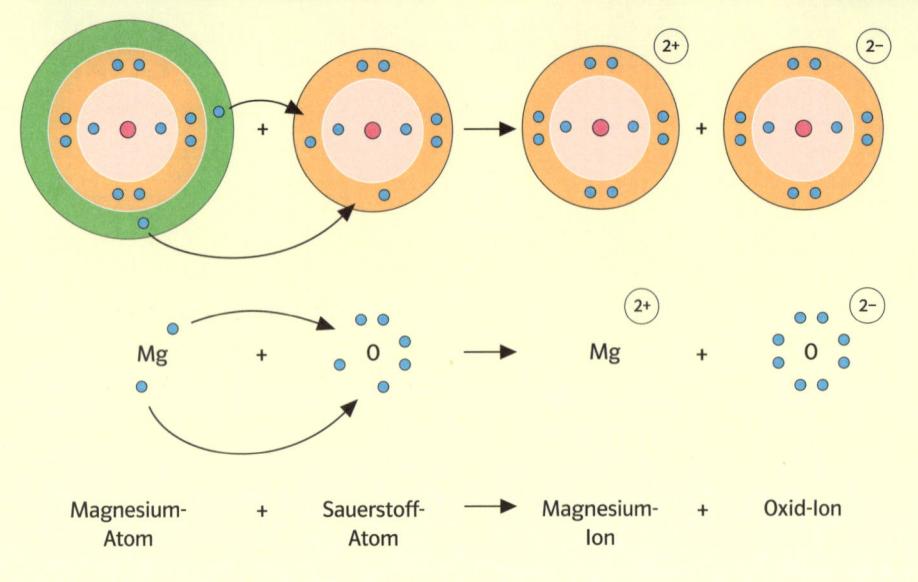

| Magnesium- | + | Sauerstoff- | ⟶ | Magnesium- | + | Oxid-Ion |
| Atom | | Atom | | Ion | | |

1 Elektronenübergang am Beispiel von Magnesium und Sauerstoff

2 Eisennagel in einer Kupfersalz-Lösung

Oxidation und Reduktion

Will man die grundlegenden Reaktionen, die in einer Batterie oder einem Akkumulator ablaufen, beschreiben, so knüpft man zunächst an bekannte Reaktionen an.

Elektronenübergänge sind Redoxreaktionen

Wenn Metalle mit Sauerstoff reagieren, nennt man diese Reaktion **Oxidation**. Eine chemische Reaktion, bei der ein Oxid Sauerstoff abgibt, ist eine **Reduktion**. Bei einer Oxidation geben die Metall-

Atome Elektronen an die Sauerstoff-Atome ab (▷ B 1). Allgemein bezeichnet der Begriff Oxidation eine Reaktion, bei der Elektronen abgegeben werden. Entsprechend bezeichnet die Reduktion die Aufnahme von Elektronen. Da Elektronenabgabe und Elektronenaufnahme immer gleichzeitig ablaufen, bezeichnet man den Elektronenübergang zwischen den Reaktionspartnern als **Redoxreaktion**.
(▶ Stoff und Teilchen, S. 88/89)

Wettstreit um Elektronen

Stellt man einen Eisennagel in eine blaue Kupfersalz-Lösung, so überzieht sich der Eisennagel mit einer rotbraunen Kupferschicht (▷ B 2). Gleichzeitig verliert die Lösung langsam ihre blaue Farbe. Die Atome des unedleren Eisens geben Elektronen an die Kupfer-Ionen ab. Dadurch werden die Eisen-Atome zu Eisen-Ionen oxidiert. Die Kupfer-Ionen werden durch die Elektronenaufnahme zu Kupfer-Atomen reduziert. Zwischen den Eisen-Atomen und den Kupfer-Ionen findet also ein Elektronenübergang, eine Redoxreaktion, statt.

$$Fe \longrightarrow Fe^{2+} + 2\,e^-$$
$$Cu^{2+} + 2\,e^- \longrightarrow Cu$$

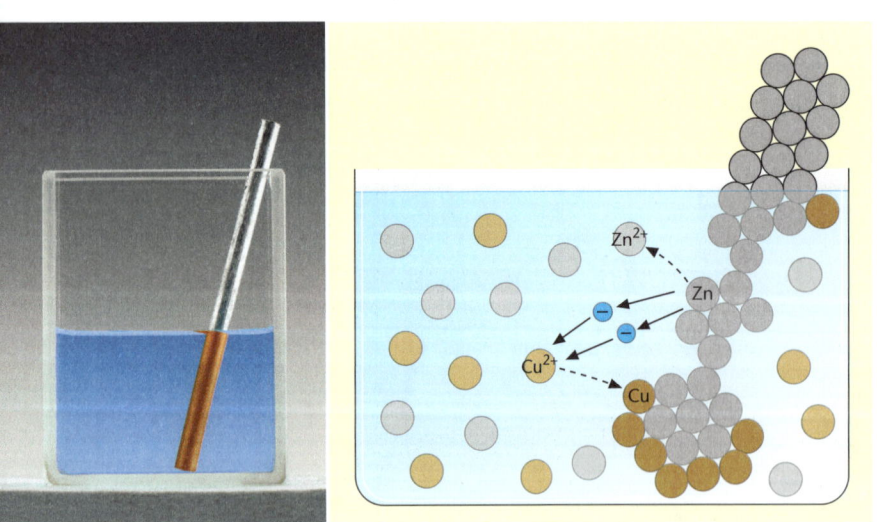

3 Elektronenübergang von Zink auf Kupfer-Ionen

Umgekehrt reagieren Kupfer-Atome nicht mit Fe^{2+}-Ionen.

Redoxreihe

Auch wenn ein Zinkstab in eine Kupfersalz-Lösung gestellt wird, findet eine Redoxreaktion statt (▷ B 3). Dabei geben wieder die Atome des unedleren Zinks Elektronen ab, die Zink-Atome werden also oxidiert. Die Kupfer-Ionen nehmen Elektronen auf, die Ionen werden zu Kupfer-Atomen reduziert.

Elektronenabgabe

$$Zn + Cu^{2+} \longrightarrow Zn^{2+} + Cu$$

Elektronenaufnahme

Ordnet man die Metalle nach ihrer Fähigkeit, die Ionen anderer Metalle zu reduzieren, so erhält man eine Reihe. In dieser Reihe stehen links unedle und rechts edle Metalle. Man nennt diese Reihe **Redoxreihe**. Jedes Metall-Atom der Redoxreihe kann nur das Ion eines rechts von ihm stehenden Metalls reduzieren. Die Reihenfolge der Metalle ist die gleiche wie in der Spannungsreihe (▶ S. 76).

unedel   edel
Na – Mg – Zn – Fe – Pb – Cu – Ag – Au

Geben und nehmen

Der Elektronenübergang läuft nach dem **Donator-Akzeptor-Prinzip** ab: Ein Reaktionspartner gibt Elektronen ab, er ist der Donator. Der andere Reaktionspartner nimmt die Elektronen auf, er ist der Akzeptor (▷ B 5).
(▶ Chemische Reaktion, S. 94/95)

Die Abgabe von Elektronen wird Oxidation, die Aufnahme von Elektronen Reduktion genannt. Den Elektronenübergang bezeichnet man als Redoxreaktion.

Atome unedler Metall können die Ionen edler Metalle reduzieren.

BASISKONZEPT Stoff-Teilchen-Beziehungen

Metalle bestehen aus Atomen. Salze sind dagegen aus positiv geladenen Metall-Ionen und negativ geladenen Nichtmetall-Ionen aufgebaut. Bei einer Redoxreaktion geben Metall-Atome Elektronen ab, die von einem positiv geladenen Metall-Ion aufgenommen werden.

4 Metalle und Salze unterscheiden sich in ihren Teilchen.

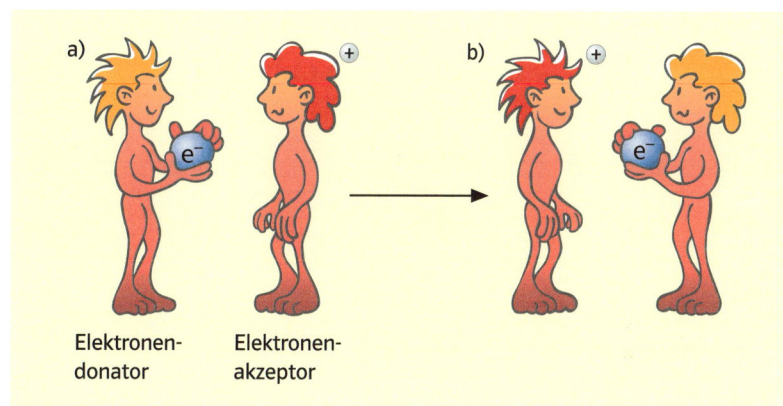

Elektronen-donator   Elektronen-akzeptor

5 Donator-Akzeptor-Prinzip

AUFGABEN

1 ○ Nenne die beiden chemischen Fachbegriffe für Elektronenabgabe und Elektronenaufnahme.

2 ○ Gib mithilfe der Redoxreihe an, welche Metalle die Kupfer-Ionen einer Kupfersalz-Lösung reduzieren können.

3 ◒ Erläutere, warum Oxidationen und Reduktionen immer gleichzeitig ablaufen.

4 Zink reagiert mit Kupferchlorid-Lösung nach folgender Reaktionsgleichung:
$$Zn + CuCl_2 \longrightarrow ZnCl_2 + Cu$$
○ a) Gib den Donator und den Akzeptor der Elektronen an.
◒ b) Formuliere getrennt die Reaktionsgleichungen für die Oxidation und die Reduktion.

5 ● Stelle die Redoxreaktion zwischen Eisen-Atomen und Silber-Ionen dar:
a) Zeichne eine Modellskizze wie in Bild 3 mit Beschriftung.
b) Formuliere die Reaktionsgleichung und kennzeichne die Teilreaktionen Oxidation und Reduktion.

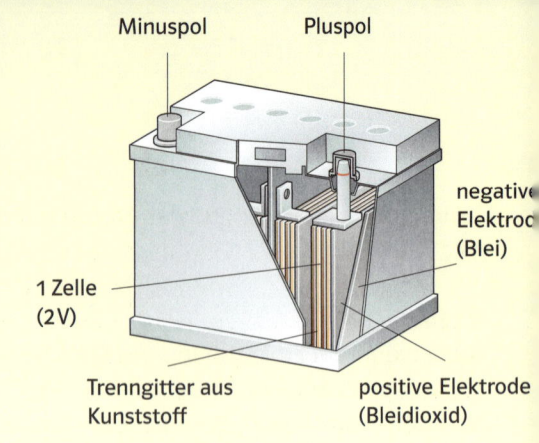

1 Starterbatterie im Auto

2 Aufbau eines Bleiakkumulators

Akkumulatoren

In Handys, Smartphones, Laptops und vielen anderen Geräten stecken Batterien, die man wieder aufladen kann. Sie heißen Akkumulatoren.

Bleiakkumulator

Weit verbreitet ist der Bleiakkumulator, die Autobatterie (▷ B 1). Die Elektroden eines Bleiakkumulators bestehen aus mehreren Platten, die abwechselnd aus Blei und Bleidioxid bestehen (▷ B 2). Sie tauchen in Schwefelsäure, die als Elektrolyt dient. Pro Zelle wird eine Spannung von 2 Volt erzeugt. In einer Autobatterie sind meist sechs Zellen in Reihe geschaltet, sodass eine Spannung von 12 Volt erzeugt wird. Bei der Nutzung des Akkumulators wird Energie abgegeben. Folgende Reaktionen laufen ab:

Minuspol: $Pb \rightarrow Pb^{2+} + 2e^{-}$
Pluspol: $Pb^{4+} + 2e^{-} \rightarrow Pb^{2+}$

Beim Laden des Akkumulators werden die Vorgänge umgekehrt. Dabei wird die elektrische Energie von der Lichtmaschine zugeführt.

Minuspol: $Pb^{2+} + 2e^{-} \rightarrow Pb$
Pluspol: $Pb^{2+} \rightarrow Pb^{4+} + 2e^{-}$

Ein Bleiakkumulator kann bis zu 1000-mal wieder aufgeladen werden.

Nickel-Metallhydrid-Akkumulator

Viele Einweg-Batterien kann man durch Nickel-Metallhydrid-Akkus ersetzen. Sie werden in den gleichen Bauformen angeboten wie gängige Batterien. Diese Akkumulatoren bestehen im geladenen Zustand aus einer Elektrode aus einem Nickelsalz und einer Elektrode aus einer Legierung verschiedener Metalle. In der Legierung ist Wasserstoff gebunden. Man nennt eine solche Verbindung Metallhydrid. Als Elektrolyt dient meist Kalilauge. Die elektrische Spannung beträgt 1,2 Volt.

Lithium-Ionen-Akkumulator

Von allen Akkumulatoren können Lithium-Ionen-Akkus die meiste Energie bezogen auf ihre Masse abgeben: Sie haben die höchste **Energiedichte**. Im Lithium-Ionen-Akku bildet Graphit die negativ geladene Elektrode und ein Lithiumsalz die positiv geladene Elektrode. Beim Laden und Entladen werden Lithium-Ionen zwischen den beiden Elektroden ausgetauscht. Lithium-Ionen-Akkus weisen Spannungen zwischen 3,3 Volt und 3,8 Volt auf. Im Vergleich zu anderen Akkus und Batterien ist dies die höchste Spannung (▷ B 4).

Vorteile und Nachteile

Im Alltag möchte man einen leichten, leistungsfähigen und preiswerten Akkumulator haben. Für tragbare Geräte mit hohem Energiebedarf verwendet man in der Regel Lithium-Ionen-Akkus. Auch in Elektrofahrzeugen, die mit einem Akku betrieben werden, werden Lithium-Ionen-Akkus verwendet. Der Preis eines Akkus hängt von den verwendeten Materialien ab. Die Gewinnung von Lithium ist teuer. Auch ist unsicher, ob genügend Lithium vorhanden ist, um Lithium-Ionen-Akkus in sehr großer Stückzahl in Fahrzeugen einsetzen zu können.

Für das Laden des Akkumulators ist die **Ladezeit** bedeutsam. Diese hängt davon ab, ob der Akku nur teilweise oder vollständig entladen ist und mit welcher Stromstärke der Akku geladen wird. Das Laden des Akkus eines Pkws kann einige Stunden benötigen.

Wie oft ein Akku entladen und geladen werden kann, bestimmt seine Lebensdauer. Diese **Ladezyklen** beziehen sich auf das Laden eines vollständig entladenen Akkus. Wenn z. B. ein Bleiakku bis zu 1000-mal wieder aufgeladen werden kann, bezieht sich dies auf einen vollständig entladenen Bleiakku. Tatsächlich wird ein Akku aber meist wieder aufgeladen, wenn er nur teilweise entladen ist. Ein Akku kann dann also häufiger geladen werden. (► Energie, S.100/101)

Akkumulatoren sind wiederaufladbare Batterien. Beim Laden eines Akkus wird die chemische Reaktion, die bei der Stromentnahme abläuft, wieder rückgängig gemacht.

AUFGABEN

1 ○ Beschreibe die chemischen Vorgänge beim Laden und Entladen eines Bleiakkumulators.

2 ○ Erläutere anhand von Bild 2 den Aufbau eines Bleiakkumulators.

3 ◒ Stelle die Vorteile des Lithium-Ionen-Akkus im Vergleich zum Bleiakku dar.

4 ◒ Elektrolyte in Akkus und Batterien können unterschiedliche Stoffe sein (▷ B 4). Alle Elektrolyte haben jedoch eine gemeinsame Eigenschaft. Erkläre.

5 ◒ Finde heraus, welche Akkutypen in Geräten vorkommen, die du benutzt. Erstelle dazu eine Tabelle.

6 ● Welche Eigenschaften sollte ein Akku besitzen, der in einem Handy verwendet wird? Begründe.

3 Nickel-Metallhydrid-Akkumulatoren gibt es in verschiedenen Bauformen.

Bezeichnung	Spannung	Minuspol	Pluspol	Elektrolyt	Besondere Merkmale	Anwendungsbeispiele
Alkali-Mangan-Batterie	1,5V	Zink	Mangandioxid	Kaliumhydroxid	Hohe Stromstärke bei Dauernutzung	Tragbare Audiogeräte
Bleiakkumulator	2V	Blei	Bleidioxid	Schwefelsäure	Hohe Belastbarkeit, entlädt sich von selbst, umweltbelastend	Autobatterien, Solartechnik
Nickel-Metallhydrid-Akkumulator	1,2V	Metallhydrid	Nickelsalz	Kaliumhydroxid	Hohe Belastbarkeit, konstante Spannung umweltverträglich	Smartphones, Laptops, Elektrofahrzeuge
Lithium-Ionen-Akkumulator	3,3–3,8V	Graphit	Lithiumsalz	Salz in einem organischen Lösungsmittel	Hohe Spannung, hohe Energiedichte	Smartphones, Laptops, Elektrofahrzeuge

4 Gebräuchliche Batterien und Akkumulatoren

Redoxreaktionen

A1 Löse das Rätsel. Die Buchstaben der markierten Felder ergeben das Lösungswort.

1. Nicht wiederaufladbares galvanisches Element
2. Fließt in Metallen und Graphit
3. Positiv geladenes Ion
4. Elektronenaufnahme
5. Teil jeder Batterie
6. Teil jeder Batterie, Gegenstück zu 5.
7. Findet unter Einfluss des elektrischen Stroms statt.
8. Negativ geladenes Ion
9. Elektronenabgabe
10. Hebt im Atom die Ladung des Elektrons auf.
11. Salzlösung in einem galvanischen Element

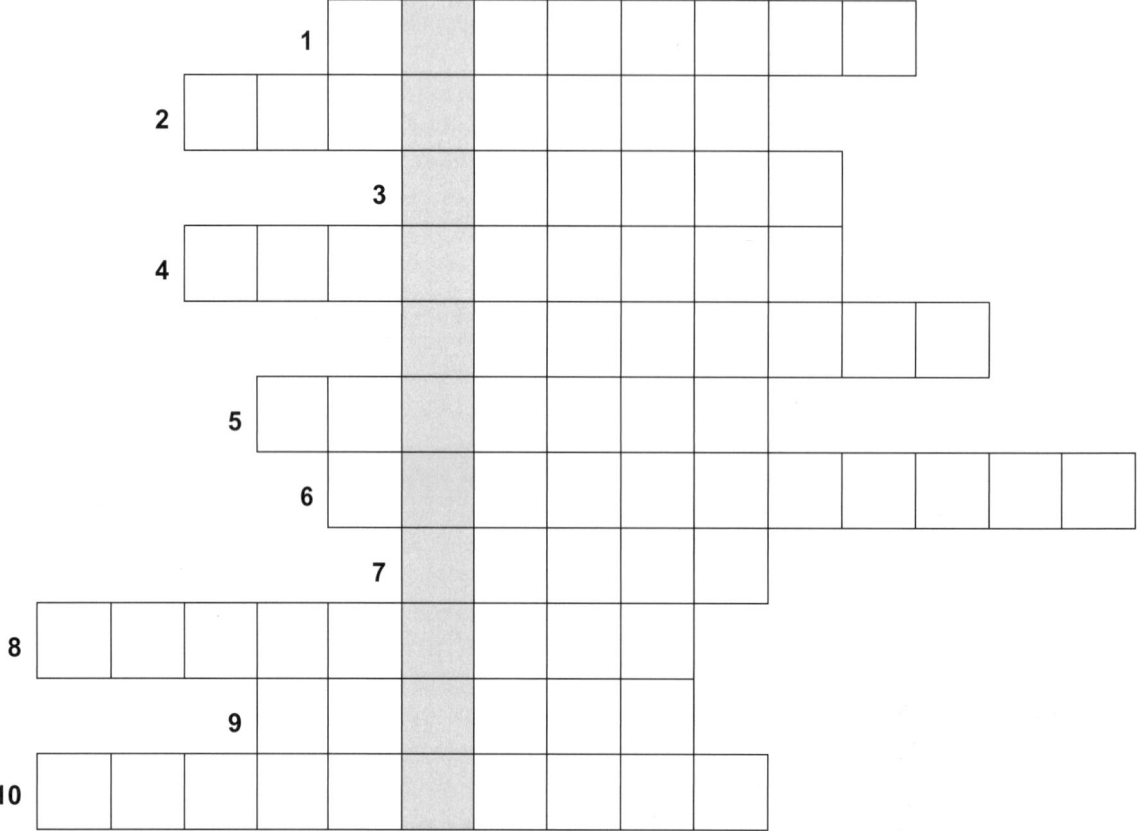

A2 Nutze die folgenden Wörter und Begriffe zur Bildung eines vollständigen Satzes:
Oxidation, Reduktion, räumlich getrennt, galvanisches Element

_____

_____

A3 In einer Alkali-Mangan-Batterie findet eine Redoxreaktion zwischen Zink-Atomen und Mangan-Ionen des Braunsteins statt. Ergänze die fehlenden Angaben.

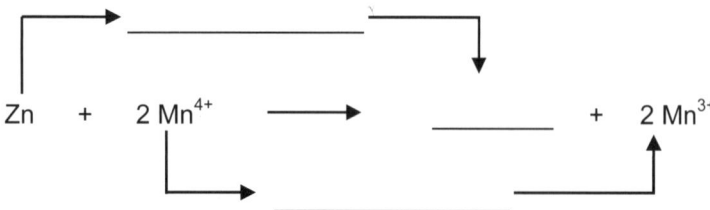

$$Zn \quad + \quad 2\,Mn^{4+} \quad \longrightarrow \quad \underline{\hspace{2cm}} \quad + \quad 2\,Mn^{3+}$$

Recycling von Batterien und Akkus

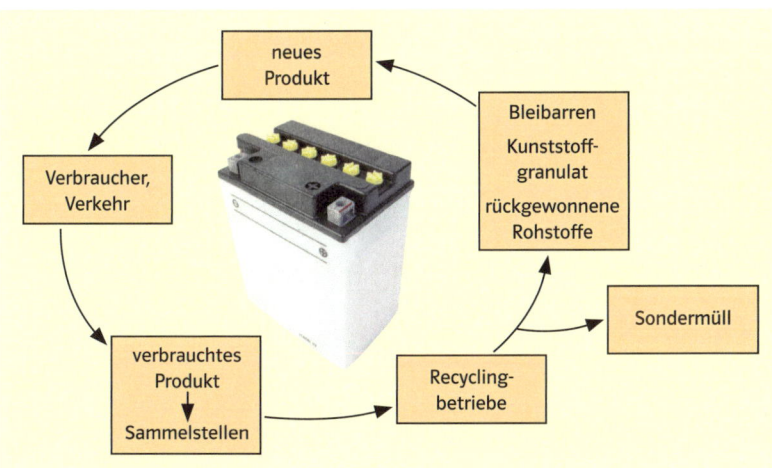

1 Recycling von Bleiakkus

2 Altbatterien

Wohin mit alten Batterien und Akkus?

Jedes Geschäft, das Batterien oder Akkus verkauft, muss diese später auch zurücknehmen. Diese Altbatterien und Akkus (▷ B 2) werden gesammelt und recycelt. So kann man aus ihnen wertvolle Rohstoffe zurückgewinnen.

Auch aus anderen Gründen dürfen alte Batterien und Akkus nicht in den Restmüll gelangen: Viele enthalten Gefahrstoffe, die auf Mülldeponien oder durch Müllverbrennung in die Umwelt gelangen können. Besonders umweltgefährdend sind hier die Schwermetalle Blei, Cadmium oder Quecksilber. Nach dem Batteriegesetz müssen solche Stoffe auf Batterien und Akkus angegeben sein, wenn sie die festgelegten Mengen überschreiten.

Recycling von Bleiakkus

In Millionen von Autos werden Bleiakkus als Starterbatterien verwendet. Mit der Zeit verändern sich die Elektrodenplatten, die Leistung des Akkus wird geringer und schließlich wird er unbrauchbar. Beim Kauf eines neuen Bleiakkus erhält man einen Preisnachlass, wenn man den alten zur Entsorgung abgibt. In Recycling-Betrieben werden sie in ihre Bestandteile zerlegt. Aus den Platten gewinnt man wieder Blei,

das Kunststoffgehäuse wird zu Granulat verarbeitet. Daraus kann man neue Kunststoffteile herstellen (▷ B 1). Neue Bleiakkus werden heute bis zu 98 % aus recycelten Bleiakkus hergestellt.

Batterien und Akkus enthalten umweltgefährdende Stoffe, die man zum Teil aber als Rohstoffe wiederverwerten kann. Händler sind gesetzlich dazu verpflichtet, Batterien und Akkus zurückzunehmen.

AUFGABEN

1 ○ Nenne zwei Gründe, weshalb das Recycling von Batterien sinnvoll ist.

2 ○ Zähle Schwermetalle auf, die in Batterien vorkommen.

3 ○ Beschreibe mithilfe von Bild 1 die Verwertung alter Bleiakkus.

4 ◒ Seit 2009 gilt das Batteriegesetz. Recherchiere, welches „Sammelziel" dieses Gesetz vorgibt.

5 ● Erkläre, welche Vorteile ein Akku gegenüber einer Einweg-Batterie besitzt.

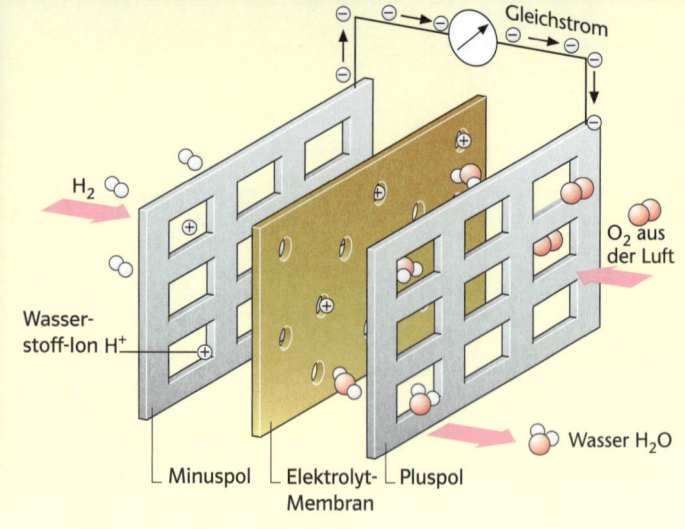

1 Fahrzeug mit Brennstoffzellen-Antrieb

2 Funktionsweise einer Brennstoffzelle

Die Brennstoffzelle

Wasserstoff als Energiespeicher

Die elektrolytische Zerlegung von Wasser in Wasserstoff und Sauerstoff ist eine Möglichkeit, Energie zu speichern. Um die gespeicherte Energie wieder nutzbar zu machen, bringt man die beiden Gase in einer **Brennstoffzelle** zur Reaktion. So wird direkt ein elektrischer Strom erzeugt. Den Strom kann man z. B. nutzen, um Fahrzeuge anzutreiben (▷ B 1). In einigen Städten fahren bereits Busse mit Brennstoffzellen-Antrieb. (► Energie, S. 100/101)

Wie funktioniert eine Brennstoffzelle?

Die am häufigsten verwendete Brennstoffzelle besteht aus drei Schichten: einem Minuspol, einer halbdurchlässigen Wand und einem Pluspol. Die halbdurchlässige Wand nennt man **Elektrolyt-Membran** (▷ B 2). Mehrere solcher Zellen werden zu Stapeln zusammengefasst, um die Spannung zu erhöhen.

In der Brennstoffzelle trifft Wasserstoff auf den Minuspol. Dort geben die Wasserstoff-Atome je ein Elektron ab. Es entstehen dadurch positiv geladene Wasserstoff-Ionen:

$$2\,H_2 \longrightarrow 4\,H^+ + 4\,e^-$$

Nur die Wasserstoff-Ionen können die Elektrolyt-Membran durchdringen.

Am Pluspol reagieren sie mit Sauerstoff-Atomen zu Wasser-Molekülen:

$$O_2 + 4\,H^+ + 4\,e^- \longrightarrow 2\,H_2O$$

Damit diese Reaktion stattfinden kann, müssen die Elektronen durch einen elektrischen Leiter vom Minuspol zum Pluspol fließen (▷ B 2).

In einer Brennstoffzelle reagieren Wasserstoff und Sauerstoff zu Wasser. Dabei wird chemische Energie in elektrische Energie umgewandelt.

AUFGABEN

1 ○ Beschreibe die Vorgänge am Pluspol und am Minuspol der Brennstoffzelle.

2 ○ Gib an, an welchem Pol der Brennstoffzelle eine Oxidation und an welchem Pol eine Reduktion stattfindet.

3 ◐ Beschreibe mithilfe von Bild 2 den Aufbau einer Brennstoffzelle.

4 ● Erkläre, warum der Vorgang in einer Brennstoffzelle auch als umgekehrte Elektrolyse bezeichnet wird.

Elektromobilität

Elektroautos sind nicht neu

Bereits 1905 fuhr auf Berlins Straßen die Elektrische Viktoria, ein Elektroauto der Firma Siemens. Die Spitzengeschwindigkeit betrug 30 km/h. Das moderne Elektroauto Tesla Roadster, das seit 2008 gebaut wird, ist 200 km/h schnell (▷ B 2).

Von der Batterie hängt alles ab

Elektroautos brauchen aufladbare Akkumulatoren, um vom Stromnetz unabhängig zu sein. Bisher werden die meisten Elektrofahrzeuge mit Bleiakkus oder Lithium-Ionen-Akkus betrieben. Die Ladungsmenge, die in einem Akku gespeichert werden kann, nennt man Kapazität. Von der Kapazität des Akkus hängt die Reichweite des Fahrzeugs ab. Deshalb ist es wichtig, für die Nutzung in Elektrofahrzeugen Akkus mit hoher Kapazität zu entwickeln. Die Reichweite kann auch verbessert werden, wenn es an öffentlichen Parkplätzen Ladestellen für die Akkus gibt.

Elektroroller sind umweltfreundlich

Inzwischen gibt es nicht nur Autos, sondern auch Fahrräder und Roller mit Elektromotor (▷ B 1).

Elektroroller sind sparsamer, leiser und sauberer als Benzinroller. Sie beschleunigen stark, denn der Motor ist in der Felge des Hinterrads montiert, sodass die Energie direkt umgesetzt werden kann. Es ist kein Getriebe dazwischengeschaltet. Für Jugendliche unter 16 Jahren kann die Spitzengeschwindigkeit eines Elektrorollers durch ein Mofakit auf 25 km/h begrenzt werden. Anders als bei der Drosselung von Benzinrollern verschlechtern sich die Fahreigenschaften und der Energieverbrauch dabei nicht.

AUFGABEN

1 ⊖ Erläutere, weshalb Elektroautos eine eingeschränkte Reichweite haben.

2 ⊖ Elektroroller müssen weniger häufig gewartet werden als Benzinroller. Begründe dies.

3 ● Hybridfahrzeuge werden von einem Elektromotor und von einem Verbrennungsmotor angetrieben. Beurteile die Vor- und Nachteile im Vergleich zu einem reinen Elektroauto.

1 Umweltfreundliche Elektroroller

2 Tesla Roadster mit Elektromotor

Zusammenfassung

Elektrolyse

Bei der Elektrolyse von Salzlösungen werden Salze mithilfe des elektrischen Stroms zerlegt. Aus Zinkiodid entstehen dabei die Elemente Zink und Iod. Die Elektrolyse ist eine endotherme Reaktion.

Galvanisches Element

Ein galvanisches Element ist eine elektrische Gleichspannungsquelle. Es besteht aus zwei Halbelementen mit Salzlösungen. In diese Lösungen tauchen Metalle ein ($\triangleright$ B1). Das unedlere Metall bildet den Minuspol. Die Atome des unedleren Metalls geben Elektronen ab und bilden positiv geladene Metall-Ionen. Gelangen diese freiwerdenden Elektronen über einen elektrischen Leiter zum Pluspol, werden sie von den Ionen des edleren Metalls aufgenommen. Das edlere Metall bildet also den Pluspol. Die Salzlösungen in den Halbelementen werden Elektrolyte genannt. Sie sind durch eine poröse Wand voneinander getrennt. Galvanische Elemente werden auch als galvanische Zellen bezeichnet.

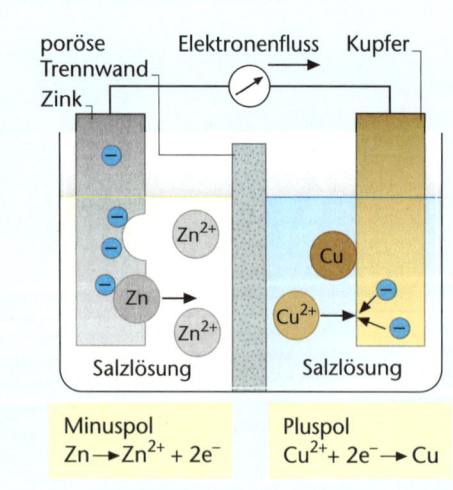

Minuspol	Pluspol
$Zn \rightarrow Zn^{2+} + 2e^-$	$Cu^{2+} + 2e^- \rightarrow Cu$

1 Galvanisches Element

Oxidation, Reduktion, Redoxreaktion

Die Abgabe von Elektronen wird als Oxidation, die Aufnahme von Elektronen als Reduktion bezeichnet. Der Elektronen abgebende Reaktionspartner ist der Elektronendonator, der Elektronen aufnehmende Reaktionspartner ist der Elektronenakzeptor. Den Elektronenübergang von einem Reaktionspartner zum anderen nennt man Redoxreaktion.

Batterien und Akkumulatoren

In Batterien und Akkumulatoren (kurz: Akkus) finden Reaktionen statt, bei denen der Elektronenübergang zwischen den Reaktionspartnern als elektrischer Strom genutzt werden kann. Bei Akkumulatoren kann die chemische Reaktion, die bei der Stromentnahme abläuft, durch Laden rückgängig gemacht werden. Batterien und Akkus sind galvanische Elemente.

Recycling von Batterien und Akkus

Leere Batterien und unbrauchbare Akkus müssen gesammelt und recycelt werden. So kann man wertvolle Rohstoffe zurückgewinnen und das Austreten von Gefahrstoffen in die Umwelt verhindern. Besonders gefährliche Stoffe wie Blei, Cadmium und Quecksilber müssen auf den Batterien und Akkus angegeben werden, wenn gesetzlich festgelegte Mengen überschritten werden.

Brennstoffzelle

Eine Brennstoffzelle besteht aus drei Schichten: einem Minuspol, einer Elektrolyt-Membran und einem Pluspol. Am Minuspol geben Wasserstoff-Atome Elektronen ab. Dabei entstehen Wasserstoff-Ionen, die durch die Elektrolyt-Membran zum Pluspol wandern. Dort nehmen sie Elektronen auf und verbinden sich mit Sauerstoff-Molekülen zu Wasser-Molekülen.

AUFGABEN

1 ○ Beschreibe die Energieumwandlungen, die bei der Nutzung einer Batterie ablaufen.

👍 Super! ❓ ► S. 72

2 ○ Erstelle eine Skizze zur Elektrolyse einer Zinkiodid-Lösung und beschrifte sie mit folgenden Begriffen: Minuspol, Pluspol, Zink-Ion, Iodid-Ion.

👍 Super! ❓ ► S. 73

3 ○ Begründe, warum die Elektrolyse eine endotherme Reaktion ist.

👍 Super! ❓ ► S. 73

4 ○ Ordne die Metalle Kupfer, Zink und Eisen gemäß der Spannungsreihe an.

👍 Super! ❓ ► S. 76

5 ○ a) Zeichne ein galvanisches Element mit folgenden Halbelementen: Ein Zinkblech taucht in eine Zinksulfat-Lösung, ein Kupferblech taucht in eine Kupfersulfat-Lösung.
◑ b) Erläutere die Vorgänge, wenn das Zinkblech und das Kupferblech mit einem Draht verbunden werden.

👍 Super! ❓ ► S. 76

6 ◑ Begründe, warum Batterien und Akkumulatoren gesammelt werden.

👍 Super! ❓ ► S. 83

7 ◑ Beschreibe die Aufgabe des Braunsteins (Mangandioxid) in einer Alkali-Mangan-Batterie.

👍 Super! ❓ ► S. 74

8 ◑ Erkläre, unter welchen Bedingungen ein Elektronenübergang als elektrischer Strom genutzt werden kann.

👍 Super! ❓ ► S. 74, 78/79

9 ◑ Erläutere das Donator-Akzeptor-Prinzip am Beispiel der Redoxreaktion von Zink-Atomen mit Silber-Ionen.

👍 Super! ❓ ► S. 76, 78/79

10 ◑ Akkumulatoren sind galvanische Elemente, die wieder geladen werden können. Erläutere diese Aussage.

👍 Super! ❓ ► S. 80/81

11 ● Beschreibe die Elektrolyse einer Zinkiodid-Lösung mit Reaktionsgleichungen. Ordne den Reaktionen, die am Minuspol und Pluspol ablaufen, die Begriffe Oxidation und Reduktion zu.

👍 Super! ❓ ► S. 73, 78/79

12 ● In Elektrofahrzeugen werden verschiedene Akku-Typen eingesetzt. Fasse Eigenschaften, die diese Akkus aufweisen sollten, in einem Text zusammen.

👍 Super! ❓ ► S. 80/81

13 ● Stelle die Reaktionsgleichungen zu den Abläufen in der Brennstoffzelle auf. Bezeichne Oxidation und Reduktion.

👍 Super! ❓ ► S. 84

14 ● Beurteile den Einsatz von Brennstoffzellen für die Nutzung von erneuerbaren Energiequellen.

👍 Super! ❓ ► S. 84

► Musterlösungen auf den Seiten 109 – 111 **87**

Stoff und Teilchen

Alle Stoffe bestehen aus Atomen, Molekülen oder Ionen. Für die Eigenschaften der Metalle ist es entscheidend, wie leicht die Metall-Atome Elektronen abgeben. Bei Ionen sind in vor allem die Ionenladung und die Größe der Ionen entscheidend. Ohne die Fähigkeit der Ionen, in Lösungen den elektrischen Strom zu leiten, gäbe es keine Batterien und Akkumulatoren. Die Größe von Molekülen spielt beispielsweise bei der Wanderung der Stoffe bei einer Chromatografie eine Rolle.

Ergebnis einer Papierchromatografie

Chromatografie

Die Chromatografie wird zur Identifizierung von Stoffen eingesetzt. Bei der Papierchromatografie wandern die Teilchen der unterschiedlichen Stoffe auf dem Papier zusammen mit einem Laufmittel. Dabei werden die Teilchen unterschiedlich stark vom Papier festgehalten. Je stärker die Teilchen am Papier anhaften, desto mehr bleiben sie zurück. Entscheidend ist dabei der Aufbau der Teilchen, damit sie in Wechselwirkung mit dem Papier treten können. Teilchen, die wenig mit dem Papier in Wechselwirkung treten, wandern mit dem Laufmittel schneller und weiter.

Elektrolyte

Die elektrische Leitfähigkeit von Metallen und von Grafit beruht auf der leichten Beweglichkeit der Elektronen. In sauren und alkalischen Lösungen sowie in den Lösungen von Salzen in Wasser beruht die elektrische Leitfähigkeit auf der Wanderung von Ionen. Solche Lösungen heißen Elektrolyte. In Batterien und Akkus fließen Elektronen vom Minuspol über einen metallischen Leiter durch einen Energiewandler zum Pluspol. Der Energiewandler kann beispielsweise eine Lampe oder eine Motor sein. Der Ladungsausgleich erfolgt durch die Wanderung der Ionen im Elektrolyt. Der Stromkreis ist damit geschlossen.

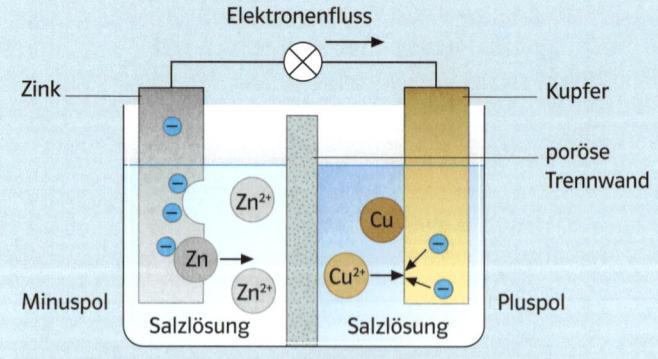

Die Ionen der Salzlösungen schließen den Stromkreis.

Elektronenübergänge

Fließt ein elektrischer Strom, so bewegen sich Elektronen durch Metalldrähte und einen Energiewandler, z. B. eine Lampe oder einen Motor. Bei mobilen Energieträgern wie Batterien wird chemische Energie in elektrische Energie umgewandelt. Dies setzt voraus, dass Teilchen Elektronen abgeben und andere Teilchen diese Elektronen aufnehmen. Die Atome unedler Metalle geben leichter Elektronen ab als die Atome edler Metalle. Die Ionen edler Metalle wiederum nehmen leichter Elektronen auf als die Ionen unedler Metalle.

Nachweis von Chlorid-Ionen durch Bildung von Silberchlorid

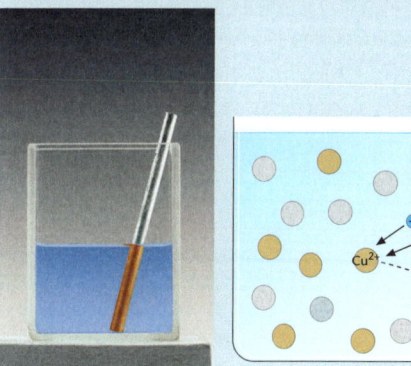
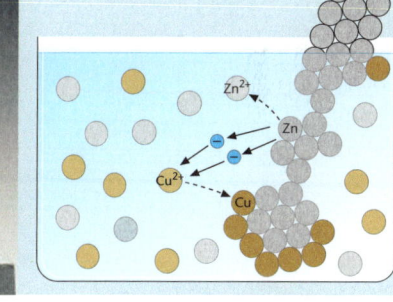

Elektronenübergang von Zink-Atomen auf Kupfer-Ionen

Schwer lösliche Salze

Die Silber-Ionen einer Silbernitrat-Lösung reagieren mit Chlorid-Ionen einer Natriumchlorid-Lösung zu dem schwer löslichen Salz Silberchlorid. Die Natrium-Ionen und die Nitrat-Ionen bleiben gelöst, sie bilden kein schwer lösliches Salz. Die gegenseitige Anziehung der Silber-Ionen und der Chlorid-Ionen führt zu einem besonders haltbaren Ionengitter. Die Wasser-Moleküle sind nicht in der Lage, die Silber-Ionen oder Chlorid-Ionen aus dem Gitter zu lösen. Viele Ionennachweise beruhen auf der Bildung dieser haltbaren Ionengitter.

AUFGABEN

1 ○ Nenne die Teilchen, aus denen die folgenden Stoffe bestehen: Natriumchlorid, Natrium, Chlor, Zinkiodid, Zink, Iod.

2 ◒ Erläutere das Trennprinzip bei der Papierchromatografie

3 ● Nicht nur Chlorid-Ionen können mit einer Silbernitrat-Lösung nachgewiesen werden, sondern auch Bromid-Ionen und Iodid-Ionen. Formuliere jeweils die Reaktionsgleichung für die Reaktion einer Natriumbromid-Lösung sowie einer Kaliumiodid-Lösung mit Silbernitrat-Lösung.

Stoff und Teilchen (1)

A1 Das Bild zeigt eine galvanische Zelle.
- a) Trage die fehlenden Fachbegriffe „Minuspol" und „Pluspol" ein.
- b) Kennzeichne den Weg der Elektronen durch kleine Pfeile.

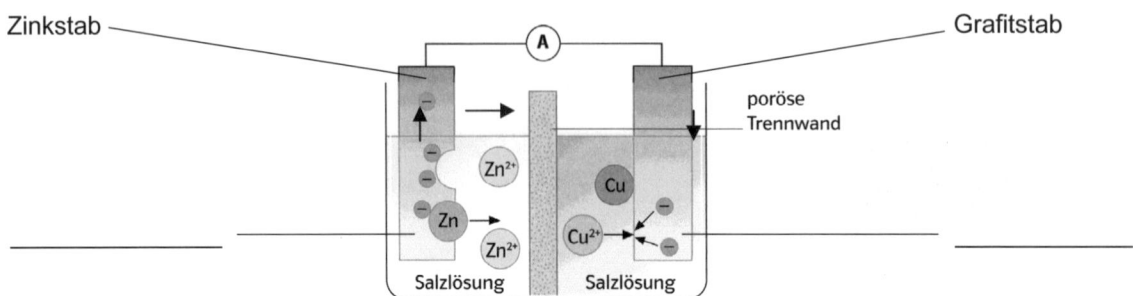

- c) Benenne die Elektrolyte.

_____

_____

A2 Ein Farbstoffgemisch wird mithilfe der Papier-chromatografie unter-sucht. Man erhält das folgende Chromato-gramm:

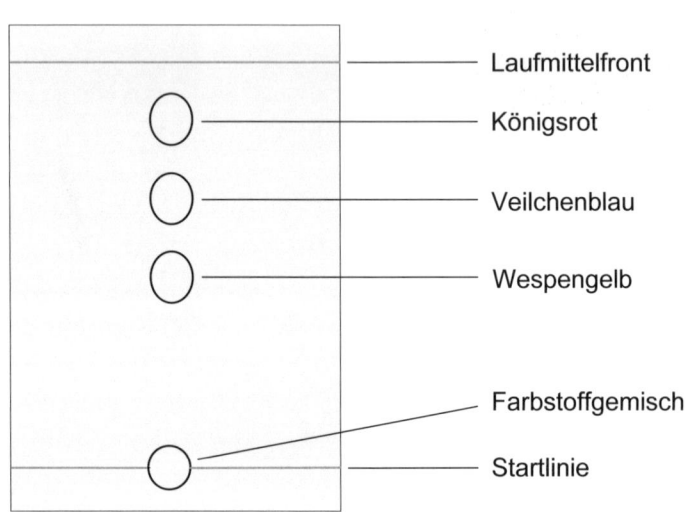

Laufmittelfront

Königsrot

Veilchenblau

Wespengelb

Farbstoffgemisch

Startlinie

- a) Zeichne neben die Farbstoffe einen Pfeil, der anzeigt, in welcher Richtung die Adsorption an der stationären Phase zunimmt.

- b) Ergänze den folgenden Satz.

Je weniger die Teilchen eines Farbstoffes mit dem Papier in Wechselwirkung treten, desto _____

und _____ wandern die Teilchen.

- **A3** Die Salze Silberchlorid und Silbercarbonat sehen beide weiß aus. Durch die Zugabe von Salzsäure kann man die beiden Salze unterscheiden. Benenne das Salz, bei dem nach Zugabe von Salzsäure ein Gas entsteht, das Kalkwasser trübt.

_____

Wähle aus, welches der beiden Arbeitsblätter du bearbeiten möchtest.

Stoff und Teilchen (2)

A1 Das Bild zeigt eine galvanische Zelle.
- a) Trage in die Zeichnung folgende Fachbegriffe ein: Eisenblech, Grafitstab, Minuspol, Pluspol.
- b) Füge auch die fehlenden Zeichen in die Kreise ein: Fe, Fe^{2+}, Ag, Ag^+.
- c) Trage den Weg der Elektronen durch Einfügen von Pfeilen und des Symbols e^- ein.

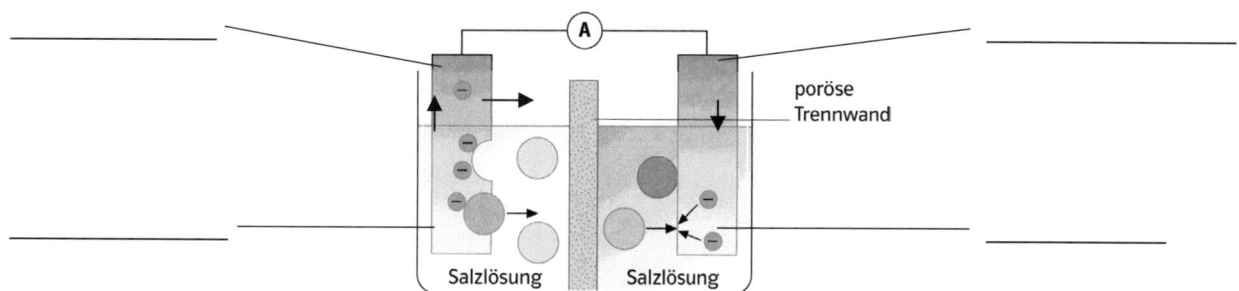

poröse Trennwand

Salzlösung   Salzlösung

- d) Formuliere für die Reaktionen, die beim Fließen der Elektronen am Pluspol und am Minuspol ablaufen, die Reaktionsgleichungen.

A2 Ein Farbstoffgemisch aus Kornblumenblau, Rettigrot und Senfgrün wird mithilfe einer Papierchromatografie untersucht. Die Moleküle des Farbstoffgemisches sind ähnlich aufgebaut. Sie unterscheiden sich aber in ihrer Größe und damit in ihrer Adsorption an der stationären Phase. Die Moleküle von Senfgrün sind größer als die von Kornblumenblau. Die Moleküle von Kornblumenblau sind größer als die von Rettigrot. Man erhält das folgende Chromatogramm. Beschrifte das Chromatogramm.

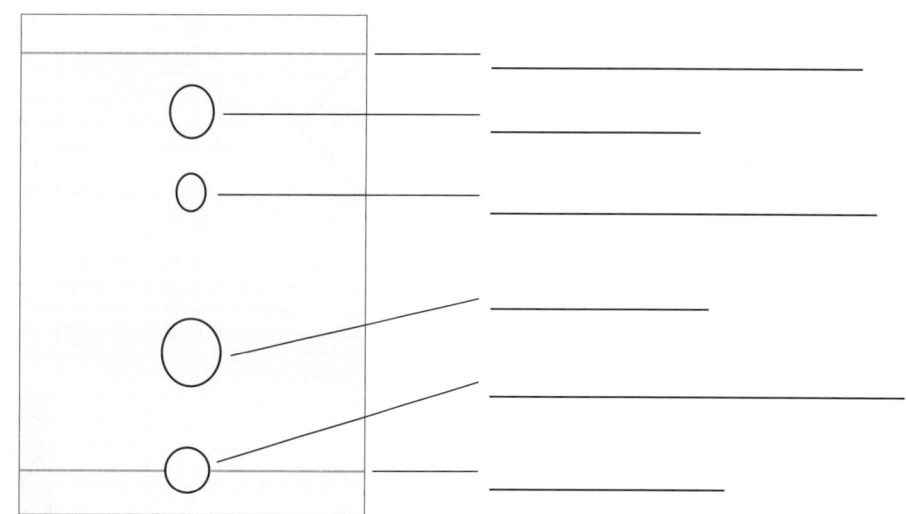

A3 Silber-Ionen Ag^+ bilden mit Chlorid-Ionen Cl^- das schwer lösliche Salz Silberchlorid. Mit Carbonat-Ionen CO_3^{2-} bilden Silber-Ionen das schwer lösliche Salz Silbercarbonat. Silberchlorid und Silbercarbonat sehen beide weiß aus. Durch die Zugabe von Salzsäure kann man die beiden Salze unterscheiden.
- a) Erläutere was bei der Zugabe von Salzsäure zu Silbercarbonat geschieht.

- b) Formuliere für die Bildung der schwer löslichen Salze die Reaktionsgleichungen.

Wähle aus, welches der beiden Arbeitsblätter du bearbeiten möchtest.

Struktur und Eigenschaften

Viele Stoffe bestehen aus Molekülen. Die Eigenschaften der Moleküle hängen von den sie aufbauenden Atomen und der Anordnung dieser Atome ab, also von der Struktur der Moleküle. Die Struktur der Moleküle entscheidet mit darüber, ob Stoffe leicht explodieren können, ob sie giftig oder brennbar sind oder ob sie als Treibhausgase wirken.

Kohlenstoffmonooxid entsteht bei Bränden.

Giftige Stoffe

Der Begriff „giftig" wird meist nicht eindeutig gebraucht, sondern für alle möglichen Schädigungen für Mensch, Tier, Pflanze und Umwelt eingesetzt, die von diesen Stoffen ausgehen. Die Moleküle des sehr giftigen Kohlenstoffmonooxids werden vom roten Blutfarbstoff stärker gebunden als Sauerstoff-Moleküle, so wird der Sauerstofftransport unterbunden. Das Ersticken eines Menschen bei einem Brand ist häufig auf Kohlenstoffmonooxid zurückzuführen.

Brennbare Stoffe

An einer Tankstelle darf man nicht rauchen oder mit offenem Feuer umgehen. Denn Benzin verdunstet leicht und entflammt leicht. Für brennbare Flüssigkeiten ist die Flammtemperatur bedeutsam. Sie hängt auch mit der Größe der Moleküle zusammen. Die im Benzin enthaltenen Alkane bestehen aus kleinen Molekülen. Da die Anziehungskräfte zwischen diesen Molekülen gering sind, verdunstet Benzin bereits bei Raumtemperatur stark. Deshalb lässt sich Benzin leicht entflammen. Aus diesem Grund besteht an Tankstellen erhöhte Brandgefahr und Explosionsgefahr.

Rauchen an Tankstellen ist verboten.

Bei Explosionen wird viel Energie abgegeben.

Explosivstoffe

Explosivstoffe sind häufig Verbindungen, an deren Aufbau Stickstoff-Atome, Wasserstoff-Atome, Kohlenstoff-Atome und Sauerstoff-Atome beteiligt sind. Wenn die Explosivstoffe reagieren, entstehen beispielsweise Stickstoff, Kohlenstoffdioxid und Wasser. Bei der Reaktion wird sehr viel Energie an die Umgebung abgegeben. Die Moleküle der Explosivstoffe sind Verbindungen, die viel chemische Energie enthalten. Die Reaktionsprodukte enthalten dagegen nur noch sehr wenig chemische Energie. Stickstoff besteht aus N_2-Molekülen. In diesen Molekülen sind die Atome durch drei Elektronenpaar-Bindungen fest miteinander verbunden. Die Bildung dieser Dreifachbindung ist eine stark exotherme Reaktion. Das Stickstoff-Molekül ist deshalb ein sehr stabiles Molekül. Auch Kohlenstoffdioxid-Moleküle und Wasser-Moleküle sind energiearme und damit stabile Moleküle.

Wasseruntersuchung

Trinkwasser soll farblos, klar, kühl, geruchlos und geschmacklich einwandfrei sein. Trinkwasser schmeckt in jeder Gegend etwas anders, je nach den Mineralien, die sich aus dem jeweiligen Untergrund im Wasser lösen. Trinkwasser wird täglich analysiert. Jedes Trinkwasser enthält Calcium-Ionen Ca^{2+} und Hydrogencarbonat-Ionen HCO_3^- in unterschiedlichen Mengen. Diese Ionen beeinflussen den Geschmack und die Wasserhärte. Die Wasserhärte sollte nicht zu hoch sein, da dies zu einem hohen Verbrauch an Waschmittel und Seife führt. Außerdem führt hartes Wasser zu Kalkbildung z. B. in Wasserkochern und Kaffeemaschinen.

Hartes Wasser bildet Kalk.

AUFGABEN

1 ○ Erläutere, weshalb man nach dem Einatmen von Kohlenstoffmonooxid ersticken kann.

2 ◐ Formuliere eine Vermutung, welche Stoffe hauptsächlich bei der Explosion von Nitroglycerin entstehen (Formel: $C_3H_5N_3O_9$).

3 ◐ Begründe, warum vom Wasserwerk auch die Wasserhärte an den Kunden weitergegeben wird.

4 ● Formuliere für die Bildung des Kalks $CaCO_3$ aus den Calcium-Ionen und Hydrogencarbonat-Ionen die Reaktionsgleichung. Tipp: Es entstehen noch zwei weitere Stoffe, von denen der eine Stoff Kalkwasser trübt.

Struktur und Eigenschaft (1)

○ **A1** Beschreibe Gefahren, auf die die folgenden Symbole hinweisen.

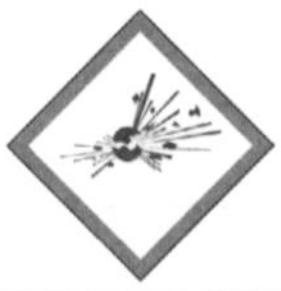 ⬦		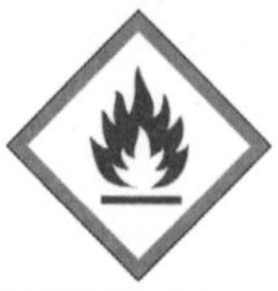 ⬦	
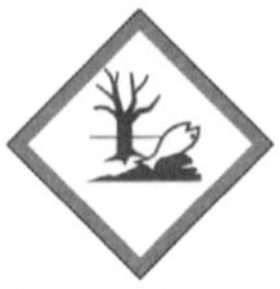 ⬦		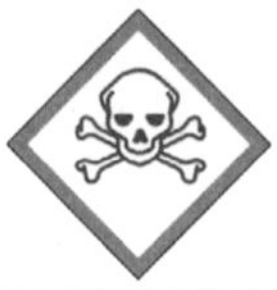 ⬦	

◑ **A2** a) In Deutschland müssen sich Großlager für Feuerwerk in mindestens fünf Kilometer Abstand von jeglicher Besiedlung befinden. Außerdem dürfen höchstens 100 Tonnen Feuerwerk gelagert werden, die in Bunkern zu je fünf Tonnen untergebracht sein müssen. Erläutere den Sinn dieser Vorschrift.

_____

_____

_____

_____

_____

b) Nenne die Stoffe, die hauptsächlich bei einer Explosion entstehen.

_____

◑ **A3** Wegen eines Sprengstoffanschlags in einem Fußballstadion musste sich ein 24 Jahre alter Fußballfan vor Gericht verantworten. Ihm wurde gefährliche Körperverletzung und Herbeiführung einer Sprengstoffexplosion vorgeworfen. Der Mann hatte einen Sprengkörper in Richtung der gegnerischen Fans geworfen. Die Explosion verletzte 33 Menschen, darunter fünf Kinder. Der Fußballfan wurde zu einer Haftstrafe von fünf Jahren verurteilt.

a) Beschreibe Verletzungen, die die 33 Menschen vielleicht erlitten haben.

_____

_____

● b) Findest du die Strafe angemessen? Begründe.

_____

_____

_____

94

Struktur und Eigenschaft (2)

A1 Ein kleines Rätsel zu giftigen Stoffen: Trage die passenden Stoffe ein.

Es ist ein flüssiges Metall, das auch als Gas in Energiesparlampen eingesetzt wird. Diese Lampen müssen bei einer Sammelstelle abgegeben werden.

_____

Die Verbindungen dieses Elements sind schon seit dem Altertum bekannt und wurden bei Morden eingesetzt. Das Element steht in der fünften Hauptgruppe des Periodensystems.

_____

Am Ende des 2. Weltkriegs haben einige nationalsozialistische Politiker mit diesem Stoff Selbstmord begangen.

_____

A2 Als Marion M. an einem heißen Sommertag zu ihrem Auto zurückkehrte, suchte sie ihr Gas-Einwegfeuerzeug vergeblich. Sie entdeckte allerdings die roten Kunststoffteile des Feuerzeugs in der Verkleidung der Fahrertür und in den Rückenlehnen der Vordersitze. Erkläre, was mit dem Feuerzeug passiert ist.

_____

_____

_____

A3 Schwarzpulver ist ein Gemisch aus Kaliumnitrat, Schwefel und Holzkohle. Seine Verbrennung kann man mit der folgenden Reaktionsgleichung beschreiben:

$$10\ KNO_3 + 4\ S + 16\ C \rightarrow 15\ CO + K_2CO_3 + 4\ K_2SO_3 + 5\ N_2$$

Es entstehen aber auch Kohlenstoffdioxid und Schwefeldioxid. Bei der Verbrennung wird eine Temperatur bis zu 2000 °C erreicht.

a) Erläutere, worauf die Sprengwirkung des Schwarzpulvers beispielsweise in einem Steinbruch beruht.

_____

_____

_____

b) Welche Energieumwandlungen finden bei der Explosion von Schwarzpulver statt? Erläutere.

_____

_____

_____

Chemische Reaktion

Allen chemischen Reaktionen ist gemeinsam, dass aus einem oder mehreren Ausgangsstoffen ein oder mehrere Reaktionsprodukte entstehen. Viele Analysen nutzen chemische Reaktionen, um einen vermuteten Stoff nachzuweisen oder die Konzentration eines bekannten Stoffes in einer Stoffprobe zu bestimmen.

Verbrennungen sind chemische Reaktionen, bei denen häufig Stoffe entstehen, die die Umwelt belasten. In Batterien, Akkumulatoren und Brennstoffzellen laufen chemische Reaktionen ab, mit denen elektrischer Strom gewonnen werden kann.

Die Titration, eine Maßanalyse

Qualitative und quantitative Analyse

Mit einer qualitativen Analyse versucht man, einen vermuteten Stoff eindeutig nachzuweisen. Dazu kann man seine Eigenschaften untersuchen. So lassen sich die Flammenfärbung oder die Kristallform als Nachweise nutzen. Manche Stoffe gehen typische Reaktionen ein, mit deren Hilfe man sie identifizieren kann. Ein Beispiel ist die Trübung von Kalkwasser beim Kontakt mit Kohlenstoffdioxid. In einer quantitativen Analyse ist der Stoff bekannt. Man bestimmt seine Konzentration in einem Gemisch.

Maßanalyse

Ein einzelnes Molekül eines sehr giftigen Stoffes wirkt sich in der Regel nicht gesundheitsschädlich oder gar tödlich aus, wenn es von einem Menschen aufgenommen wird. Es kommt auf die Menge oder die Konzentration eines giftigen Stoffes an, ob dieser tödlich wirkt. Um die Gefährlichkeit eines Stoffes einschätzen zu können, muss man deshalb die Menge oder Konzentration des Stoffes genau bestimmen, also eine quantitative Analyse durchführen.

Es gibt unterschiedliche Verfahren zur Bestimmung der Konzentration eines Stoffes. Ein Verfahren ist die Maßanalyse. Mit der Maßanalyse wird häufig die Konzentration einer Säure oder Lauge ermittelt. Jede Maßanalyse beruht auf einer chemischen Reaktion.

Nachweis durch Flammenfärbung

Der Kohlenstoff-Kreislauf

Verrottet eine Pflanze oder wird sie verbrannt, wird Kohlenstoffdioxid frei. Dieses nutzen andere Pflanzen in der Fotosynthese zum Aufbau von Kohlenstoff-Verbindungen. Auch diese Pflanzen verrotten wieder oder werden verbrannt. Wieder wird Kohlenstoffdioxid abgegeben. Die Kohlenstoff-Atome der Pflanzen sind jetzt in den Kohlenstoffdioxid-Molekülen. Sie werden von anderen Pflanzen zum Aufbau neuer Kohlenstoff-Verbindungen genutzt. Ein Kreislauf ist geschlossen.
Beim Verbrennen von Erdgas, Erdölprodukten oder Kohle entsteht ebenfalls Kohlenstoffdioxid, das von Pflanzen aufgenommen wird. Es dauert aber Jahrmillionen, bis sich die Kohlenstoff-Atome dieser Kohlenstoffdioxid-Moleküle wieder in Verbindungen des Erdgases, des Erdöls oder der Kohle befinden. Deshalb nimmt der Anteil von Kohlenstoffdioxid in der Atmosphäre zu.

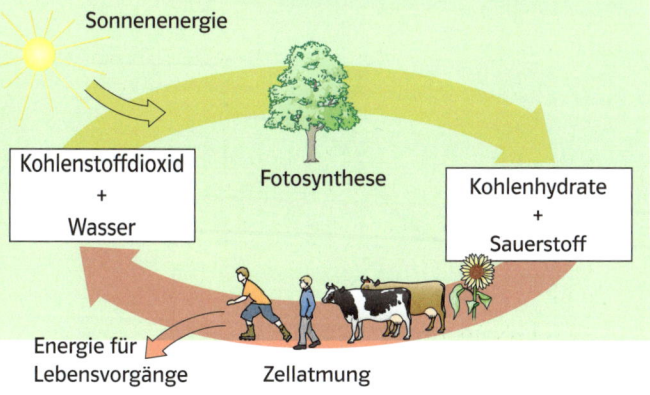

Der biologische Kohlenstoff-Kreislauf

Redoxreaktionen

In Batterien, Akkumulatoren und Brennstoffzellen geben Teilchen Elektronen ab, die von anderen Teilchen aufgenommen werden. Die Abgabe und Aufnahme der Elektronen läuft in galvanischen Elementen räumlich getrennt ab. Auch bei der Reaktion von Eisen-Atomen mit Kupfer-Ionen werden Elektronen übetragen. Die Eisen-Atome geben Elektronen ab, sie sind Elektronen-Donatoren. Die Kupfer-Ionen nehmen Elektronen auf, sie sind Elektronen-Akzeptoren. Es entstehen Eisen-Ionen und Kupfer-Atome. Solche Elektronenübertragungen finden bei vielen chemischen Reaktionen statt und werden Redoxreaktionen genannt. Es gibt auch Reaktionen, bei denen Protonen übertragen werden. Mit der Betrachtung des Abgebens und Aufnehmens von Elektronen und Protonen kann man viele chemische Reaktionen ordnen.

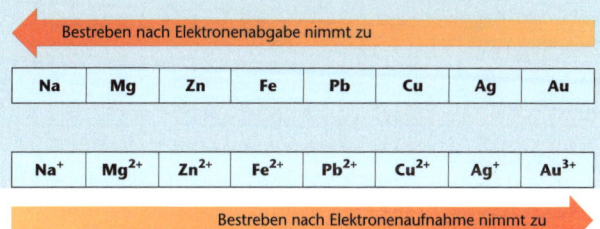

Metall-Atome können nur die Metall-Ionen reduzieren, die rechts von ihnen stehen.

AUFGABEN

1 ○ Beschreibe den Unterschied zwischen einer qualitativen und einer quantitativen Analyse.

2 ◐ Du erhältst einen Essigreiniger und sollst herausfinden, wie viel Essigsäure der Reiniger enthält. Beschreibe dein Vorgehen.

3 ◐ Benenne die Metall-Ionen, die von Eisen-Atomen reduziert werden können. Nutze dafür die Abbildung zu den Redoxreaktionen.

4 ● Kaliumchlorid und Natriumnitrat sind weiße Salze. Beschreibe die Experimente, mit denen du die Salze unterscheiden kannst.

97

Chemische Reaktion (1)

○ **A1** Bei Redoxreaktion werden Elektronen übertragen. Fülle die Lücken aus.

Taucht man einen Eisennagel in eine Kupfersalz-Lösung, so setzt sich auf dem _____ ein roter

Belag ab. Die _____ geben Elektronen ab, die von _____

aufgenommen werden. Eisen-Atome sind die Elektronen-_____. Kupfer-Ionen sind die

Elektronen-_____.

◑ **A2** Mit einer Neutralisationsreaktion kannst du die Konzentration von Essigsäure in Essig ermitteln. Dazu wird eine 10-ml-Probe des Essigs mit einer Natronlauge bekannter Konzentration neutralisiert. Mit welchem der folgenden Geräte würdest du 10 ml Essig genau abmessen? Begründe deine Entscheidung.

Messpipette
Vollpipette
Messzylinder

_____

_____

_____

◑ **A3** Die Bildung und Verwitterung von Kalkstein ($CaCO_3$) ist Teil des geologischen Kohlenstoff-Kreislaufes.
a) Trage die folgenden Formeln in den dargestellten Kreislauf ein: Ca^{2+}, $2\,HCO_3^-$, CO_2, CO_2, H_2O, H_2O

CaCO₃
Kalkstein

b) Fülle den Lückentext zum geologischen Kohlenstoff-Kreislauf aus.

Kohlenstoffdioxid und Wasser bilden eine _____ Lösung. Trifft diese auf Kalkgestein, so löst sich das

Kalkgestein auf. Es bildet sich eine Lösung, die _____ und _____

_____ enthält. Wenn Wasser verdunstet und _____

aus der Lösung entweicht, bildet sich wieder _____.

Wähle aus, welches der beiden Arbeitsblätter du bearbeiten möchtest.

Chemische Reaktion (2)

A1 Stellt man einen Zinkstab in eine Lösung, die Silber-Ionen enthält, so bildet sich auf dem Zinkstab ein Silberbelag. In der Lösung lassen sich Zink-Ionen nachweisen. Die chemischen Reaktionen lassen sich mit Fachbegriffen beschreiben. Setze in die folgenden Sätze die zutreffenden Begriffe ein: Elektronen-Donatoren, Elektronen-Akzeptoren, oxidieren, reduzieren, oxidiert, reduziert.

Zink-Atome ____________________ Silber-Ionen. Zink-Atome werden zu Zink-Ionen _______________.

Zink-Atome sind ____.

Silber-Ionen ____________________ Zink-Atome. Silber-Ionen werden zu Silber-Atomen _______________.

Silber-Ionen sind ____.

A2 Der Kohlenstoff-Kreislauf ist ein System chemischer Reaktionen. Erkläre den in der Abbildung gezeigten Sachverhalt.

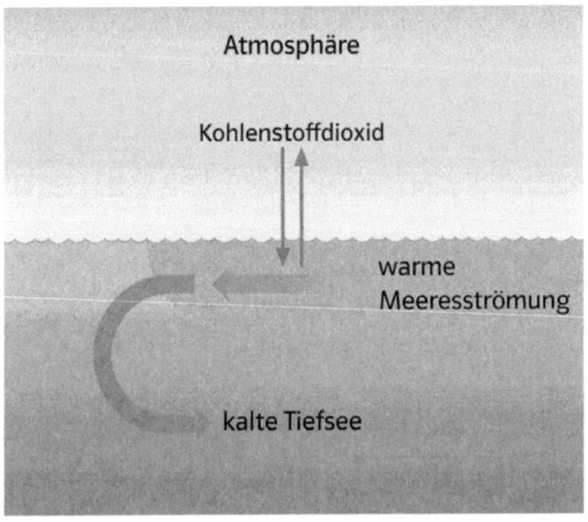

Atmosphäre
Kohlenstoffdioxid
warme Meeresströmung
kalte Tiefsee

____

____

____

____

____

____

____

____

____

____

____

A3 Ein Detektiv vermutet bei seinem täglichen Abendessen im Restaurant, dass der Koch die zurückgelassenen Hühnerknochen mit Fleischresten am nächsten Tag für die Suppe verwendet. Der Detektiv streut deshalb etwas Lithiumchlorid auf die Reste des Abendessens. Am Tag darauf bestellt der Detektiv Hühnersuppe und füllt eine Probe in ein Röhrchen. Die Suppe rührt er nicht an. Das Röhrchen mit der Probe schickt er in ein Labor. Erläutere, wie das Labor schnell herausfinden kann, ob die Suppe mit den Hühnerknochen des Vortages gekocht worden ist.

____

____

____

Wähle aus, welches der beiden Arbeitsblätter du bearbeiten möchtest.

Energie

Energie wird nicht erzeugt, sondern immer nur von einer Energieform in eine andere umgewandelt. In einer Batterie wird chemische Energie in elektrische Energie umgewandelt, dabei wird auch Wärme an die Umgebung abgegeben. Beim Laden eines Akkumulators wird elektrische Energie in chemische Energie umgewandelt, auch dabei wird Wärme abgegeben.

Bei einer Explosion wird im Bruchteil einer Sekunde sehr viel Energie abgegeben. Die gasförmigen Reaktionsprodukte verdrängen die Luft der Umgebung, sodass sogar Häuser einstürzen können. Gleichzeitig wird sehr viel Wärme abgegeben

Elektrolyse einer Zinkiodid-Lösung im Modell

Elektrische Energie

Erdgas, Kohle und Erdölprodukte wie Benzin, Diesel und Heizöl und werden verbrannt, um die bei der Verbrennung abgegebene Energie zu nutzen. Mit dieser Energie kann man Auto fahren, Wohnungen heizen oder oder in Eletrizitätswerken elektrische Energie gewinnen. Allerdings entsteht bei der Verbrennung dieser fossilen Energieträger auch Kohlenstoffdioxid, das zum Klimawandel beiträgt. Die Verwendung regenerativer Energieträger wie Windenergie, Sonnenenergie oder Wasserkraft vermindert den Ausstoß an Kohlenstoffdioxid.

Regenerative Energieträger

Elektrolysen

Elektrolysen sind chemische Reaktionen, die mithilfe des elektrischen Stroms ablaufen. Dabei wandern positiv geladene Ionen (Kationen) zum Minuspol und nehmen Elektronen auf. Gleichzeitig wandern negativ geladene Ionen (Anionen) zum Pluspol und geben Elektronen ab. Das Laden eines Akkumulators erfolgt durch eine Elektrolyse. Auch Wasserstoff, der Brennstoff vieler Brennstoffzellen, wird häufig durch Elektrolyse von Wasser gewonnen. Der elektrische Strom für Elektrolysen sollte möglichst aus regenerativen Energiequellen erzeugt werden.

Energiesparende
Lampe

Energie sparen

Ein wichtiger Aspekt, um die Umwelt nicht weiter zu belasten, ist neben dem Einsatz regenerativer Energieträger das Energiesparen. Das bedeutet, weniger Energie zum Heizen, Autofahren und zum Betrieb elektrischer Geräte einzusetzen. Beispielsweise wandeln alte Glühlampen nur 5 % der elektrischen Energie in Licht um. 95 % werden in Form von Wärme an die Umgebung abgegeben. Energiesparende Lampen nutzen die elektrische Energie besser.

Mobile Energieträger

Batterien, Akkumulatoren und Brennstoffzellen zählen zu den mobilen Energieträgern. In ihnen liegen galvanische Elemente vor, in denen die Elektronenabgabe und die Elektronenaufnahme räumlich getrennt ablaufen. Durch diese Redoxreaktionen wird chemische Energie in elektrische Energie umgewandelt. Wichtige Merkmale mobiler Energieträger sind die Spannung und die Energiedichte. In der Zukunft sind Akkumulatoren und Brennstoffzellen sinnvolle Energieträger für Kraftfahrzeuge.

Der Akku eines Elektroautos wird geladen.

Explosionen

Ein Sprengstoff ist eine chemische Verbindung oder eine Mischung von Stoffen, die nach ihrer Zündung mit sehr großer Geschwindigkeit reagiert. Bei dieser Reaktion entstehen gasförmige Reaktionsprodukte. Es wird eine sehr große Energiemenge abgegeben, die eine Druckwelle erzeugt. Mit der Druckwelle ist häufig eine Hitzewelle verknüpft. Druckwelle und Hitzewelle können Gebäude einstürzen lassen und Menschen und Tiere tödlich verletzen.

Explosion

AUFGABEN

1 ○ Erläutere, ob eine Explosion eine exotherme oder eine endotherme chemische Reaktion ist.

2 ○ Beschreibe den Unterschied zwischen einer Batterie und einem Akkumulator.

3 ◔ Beschreibe Maßnahmen, durch die du zum Energiesparen beitragen kannst.

4 ● Stelle die Reaktionsgleichungen für die in einer Brennstoffzelle am Pluspol und Minuspol ablaufenden Reaktionen auf. Nutze dafür die folgenden Teilchen: H_2, H^+, O_2, O^{2-}, e^-. Formuliere auch die Reaktionsgleichung für die Gesamtreaktion.

Energie (1)

○ **A1** In einem Kohlekraftwerk finden verschiedene Energieumwandlungen statt. In der Kohle ist chemische Energie gespeichert. Durch Verbrennen der Kohle entsteht Wärmeenergie, die in Turbinen in Bewegungsenergie umgewandelt wird. Aus der Bewegung lässt sich in Generatoren elektrische Energie gewinnen. Trage in die freien Felder die Energieformen ein.

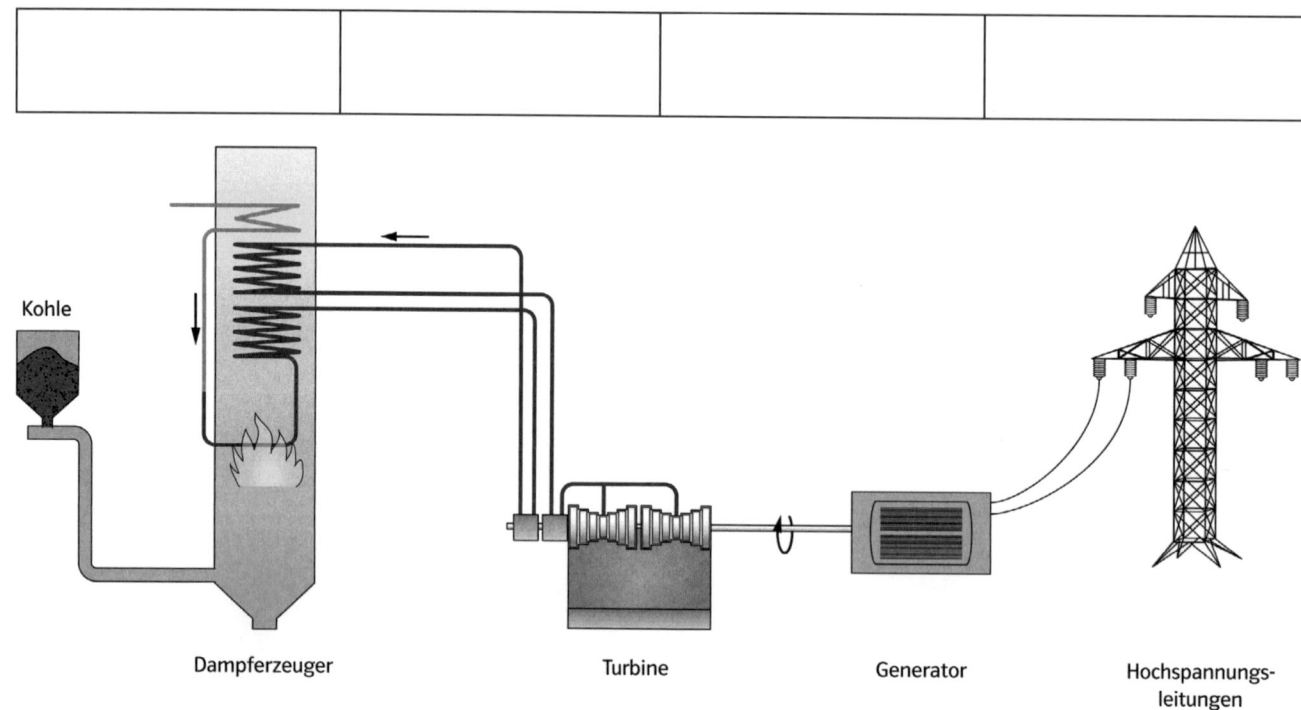

Kohle   Dampferzeuger   Turbine   Generator   Hochspannungs-leitungen

○ **A2** In Brennstoffzellen ist Wasserstoff der Energieträger. Er kann durch die Elektrolyse von Wasser gewonnen werden. Nenne umweltfreundliche Energieträger, die man für diese Elektrolyse einsetzen sollte.

● **A3** Seit 2009 sind der Verkauf und die Herstellung von Glühlampen in der Europäischen Union beschränkt. So soll die Nutzung neuer und effizienter Beleuchtungstechniken gefördert werden. Beschreibe den in der Abbildung dargestellten Sachverhalt.

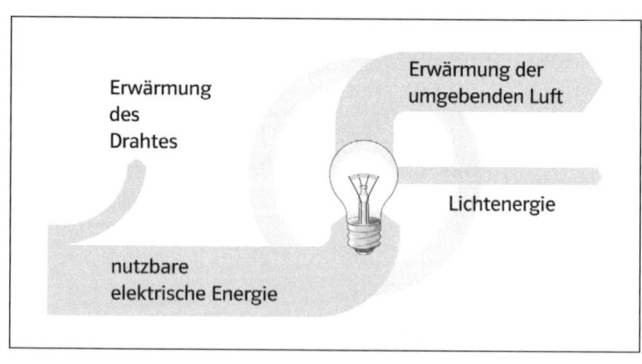

Erwärmung des Drahtes

Erwärmung der umgebenden Luft

Lichtenergie

nutzbare elektrische Energie

_____

_____

_____

_____

_____

Wähle aus, welches der beiden Arbeitsblätter du bearbeiten möchtest.

Energie (2)

A1 Durch Verbrennen fossiler Energieträger lässt sich elektrische Energie gewinnen.

○ a) Berechne mithilfe der Abbildung, wie groß der Anteil in % ist, der in nutzbare elektrische Energie umgewandelt wird.

_____

○ b) Fasse das Ergebnis in einem Satz zusammen.

_____

_____

◐ c) Benenne die Energieform, die in der Regel bei einer Energieumwandlung als Verlust anfällt.

_____

_____

◐ d) Erläutere, wie die Energie des Kühlwassers genutzt werden könnte.

_____

_____

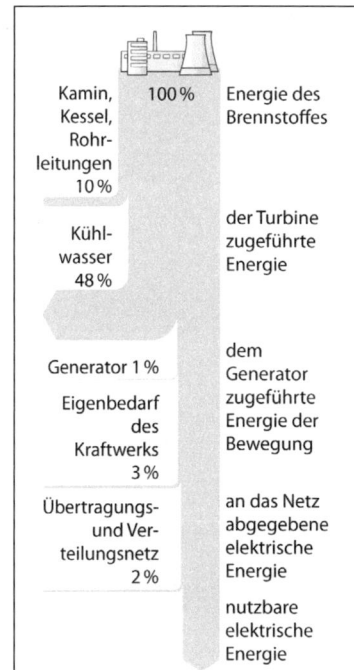

Kamin, Kessel, Rohrleitungen 10 %
Kühlwasser 48 %
Generator 1 %
Eigenbedarf des Kraftwerks 3 %
Übertragungs- und Verteilungsnetz 2 %

100 % Energie des Brennstoffes
der Turbine zugeführte Energie
dem Generator zugeführte Energie der Bewegung
an das Netz abgegebene elektrische Energie
nutzbare elektrische Energie

● **A2** In der Technik, insbesondere bei Kraftfahrzeugen, spielt die Brennstoffzelle eine große Rolle. Der Elektrolyt besteht aus einer Mem-bran aus Kunststoff. Auf beiden Seiten der Membran sind winzige Partikel von Edelme-tallen aufgebracht, die als Katalysator wirken. Die Gase Wasserstoff und Sauerstoff werden durch eine elektrisch leitende Diffusionsschicht zum Katalysator geleitet. Beschreibe den dargestellten Sachverhalt. Formuliere auch Reaktionsgleichungen.

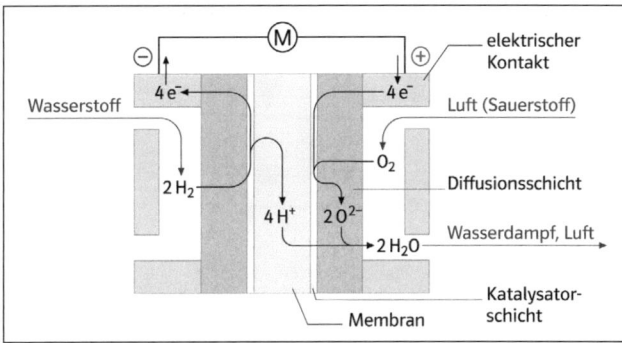

Wasserstoff · $4e^-$ · $2H_2$ · $4H^+$ · M · $4e^-$ · O_2 · $2O^{2-}$ · $2H_2O$ · elektrischer Kontakt · Luft (Sauerstoff) · Diffusionsschicht · Wasserdampf, Luft · Katalysatorschicht · Membran

_____

_____

_____

_____

_____

_____

Wähle aus, welches der beiden Arbeitsblätter du bearbeiten möchtest.

Entsorgungsplan

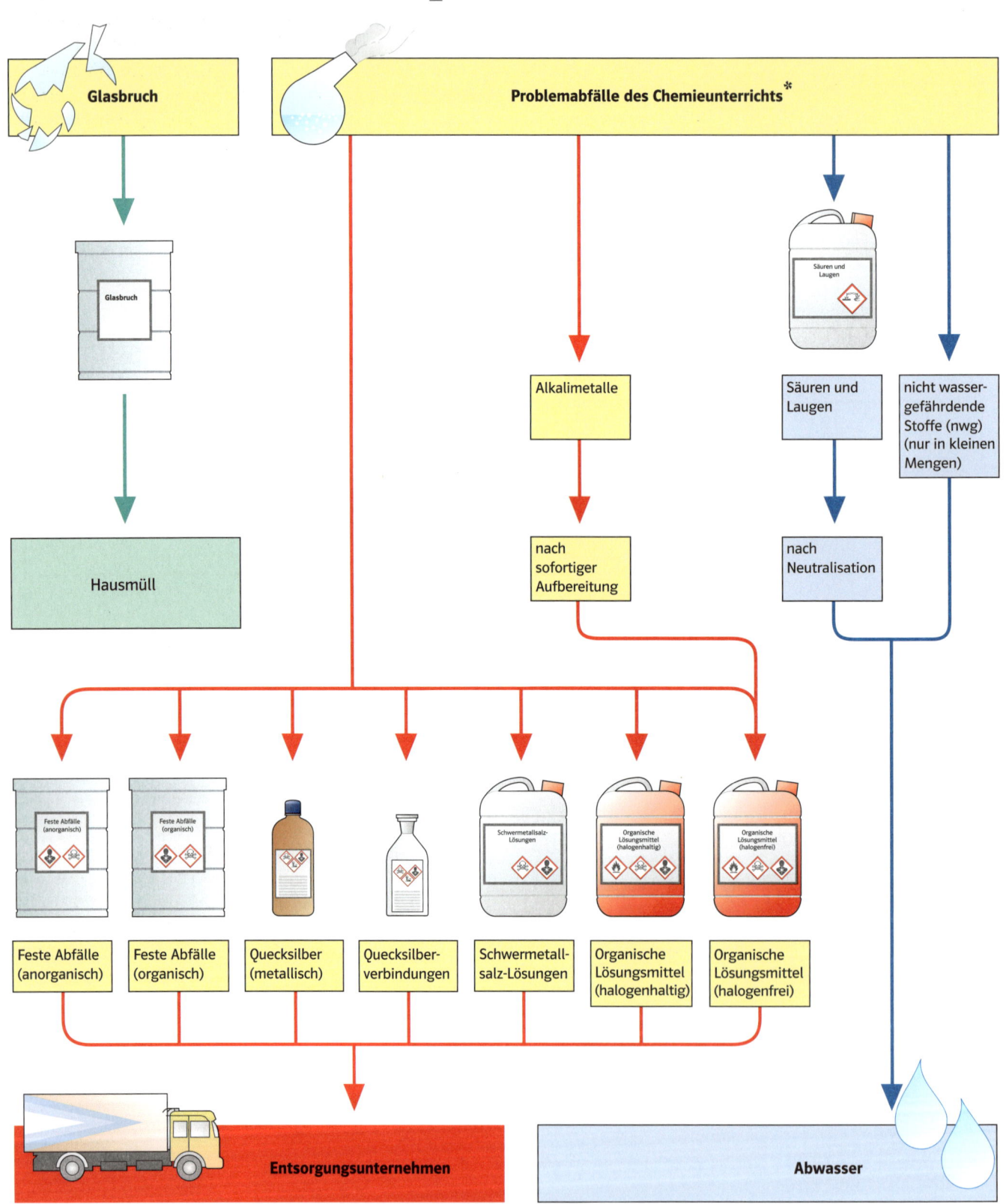

Glasbruch

Problemabfälle des Chemieunterrichts *

Glasbruch

Alkalimetalle

Säuren und Laugen

Säuren und Laugen

nicht wasser-gefährdende Stoffe (nwg) (nur in kleinen Mengen)

Hausmüll

nach sofortiger Aufbereitung

nach Neutralisation

Feste Abfälle (anorganisch)

Feste Abfälle (organisch)

Schwermetallsalz-Lösungen

Organische Lösungsmittel (halogenhaltig)

Organische Lösungsmittel (halogenfrei)

Feste Abfälle (anorganisch)

Feste Abfälle (organisch)

Quecksilber (metallisch)

Quecksilber-verbindungen

Schwermetall-salz-Lösungen

Organische Lösungsmittel (halogenhaltig)

Organische Lösungsmittel (halogenfrei)

Entsorgungsunternehmen

Abwasser

*Problemabfälle müssen in geeigneten Sammelgefäßen aus Kunststoff oder Glas gesammelt werden.

Piktogramm	Bezeichnung	Gefahrenklasse
	GHS01 (Explodierende Bombe)	– Explosive Stoffe – Selbstentzündliche Stoffe – ...
	GHS02 (Flamme)	– Entzündbare Flüssigkeiten – Entzündbare Gase – ...
	GHS03 (Flamme über einem Kreis)	– Entzündend wirkende Flüssig-keiten und Feststoffe – Entzündend wirkende Gase
	GHS04 (Gasflasche)	– Unter Druck stehende Gase
	GHS05 (Ätzwirkung)	– Metallkorrosiv – Hautätzend – Hautreizend – ...
	GHS06 (Totenkopf mit gekreuzten Knochen)	– Akute Toxizität
	GHS07 (Ausrufezeichen)	– Hautreizend – Augenreizend – Sensibilisierung der Haut – ...
	GHS08 (Gesundheits-gefahr)	– Krebserzeugend – Erbgutverändernd – ...
	GHS09 (Umwelt)	– Gewässergefährdend

1 Gefahrensymbole und ihre Bedeutung

Viele Chemikalien sind mit farbigen Symbolen auf ihren Etiketten gekennzeichnet. Diese Symbole werden **Gefahrenpiktogramme** genannt (▷ B1). Stoffe mit einer solchen Kennzeichnung sind Gefahrstoffe, mit denen man besonders vorsichtig umgehen muss. Sie können durch Einatmen, Verschlucken oder sogar durch die Haut in den Körper gelangen. Eine Liste mit Gefahrstoffen kann durch Eingabe des unten stehenden Prisma-Codes in das Suchfeld auf www.klett.de abgerufen werden.

Die Gefahrenpiktogramme

Ein Gefahrenpiktogramm umfasst häufig mehrere Gefahrenklassen (▷ B1). So kann zum Beispiel das Gefahrenpiktogramm GHS 05 bedeuten, dass der Stoff zur Gefahrenklasse „Metallkorrosiv", „Hautreizend", „Hautätzend", „Schwere Augenschädigung" oder „Augenreizung" gehört.

Signalwörter, H- und P-Sätze

Signalwörter auf dem Chemikalien-Etikett geben Auskunft über das Ausmaß der Gefährdung durch diesen Stoff. Es gibt zwei unterschiedliche Signalwörter, nämlich „Gefahr" für schwerwiegende Gefahren und „Achtung" für weniger schwerwiegende Gefahren:

Gefahr   **Achtung**

Die **Gefahrenhinweise** sind in den **H-Sätzen** zusammengefasst (englisch: hazard, Gefahr). Die H-Sätze weisen auf die besonderen Gefahren beim Umgang mit einem Gefahrstoff hin. Die **Sicherheitshinweise** sind in den **P-Sätzen** enthalten (englisch: precautionary, vorbeugend). Die P-Sätze geben Ratschläge für den sicheren und sachgerechten Umgang mit einem Gefahrstoff.

Entsorgung von Gefahrstoffen

Reste von Gefahrstoffen, die nach einem Experiment übrig bleiben, werden in dafür vorgesehene, gekennzeichnete Entsorgungsgefäße gegeben.

Hilfe zu den Arbeitsaufträgen

Jede Aufgabe enthält einen klaren Arbeitsauftrag an dich, du musst ihn nur richtig erkennen. Je nach Formulierung erwartet deine Lehrerin oder dein Lehrer ganz unterschiedliche Antworten von dir. Diese Liste hilft dir, Arbeitsaufträge richtig zu verstehen und zu bearbeiten.

angeben/aufschreiben/aufzählen/nennen
Begriffe, Informationen oder Aussagen zusammentragen

auswerten
Ergebnisse und Schlüsse zum Beispiel aus einem Text oder Diagramm ziehen

begründen
Ursachen, Gesetze oder Beweise für etwas anführen

benennen/beschriften
Begriffe zuordnen

beschreiben
eine Sache durch Fachbegriffe und in eigenen Worten wiedergeben

beurteilen
erkennen, ob eine Aussage zutrifft, und das Ergebnis begründen

bewerten/Stellung nehmen
dir eine eigene Meinung bilden, begründen und äußern, wie du zu dem Sachverhalt stehst (gut oder schlecht)

darstellen
ein Ergebnis umfassend präsentieren

diskutieren
Meinungen austauschen, einander gegenüberstellen und abwägen

dokumentieren/protokollieren
alles Wichtige zu einem Thema oder Versuch aufschreiben und aufzeichnen

eine Vermutung formulieren
überlegen, was das Ergebnis sein könnte

einen Versuch planen
überlegen, wie ein Versuch aufgebaut, durchgeführt und ausgewertet werden könnte

erklären
eine Sache mit Regeln, Gesetzmäßigkeiten oder Ursachen darstellen

erläutern
eine Sache nachvollziehbar und verständlich darstellen

interpretieren/deuten
eine Information, die in einem Sachverhalt steckt, herausarbeiten

ordnen/zuordnen
verschiedene Sachen wie Gegenstände, Geschehnisse usw. in eine richtige Reihenfolge bringen

präsentieren
ein Referat, ein Plakat oder das Ergebnis einer Gruppenarbeit vorstellen

recherchieren
zu einem bestimmten Thema Informationen sammeln

skizzieren
eine Zeichnung erstellen, die nur das Wichtigste enthält

vergleichen
Dinge in Beziehung setzen und erkennen, was gleich, ähnlich oder unterschiedlich ist

zusammenfassen
das Wichtigste herausschreiben oder wiedergeben

1 Den Stoffen auf der Spur

1 – Wasserstoff: Knallgasprobe
   – Sauerstoff: Glimmspanprobe
   – Kohlenstoffdioxid: Trübung von Kalkwasser

2 Ein Reagenz ist ein Stoff, der mit einem anderen Stoff oder einer Stoffgruppe so reagiert, dass eine Farbänderung erfolgt.

3 Bei einer Fällungsreaktion entsteht in einem Lösungsmittel ein schwer löslicher Stoff, der die Lösung trübt und sich dann als Niederschlag am Boden absetzt. Der Nachweis von Kohlenstoffdioxid mit Kalkwasser ist ein Beispiel für eine Fällungsreaktion.

4 Der Reagenziensatz besteht aus neun verschlossenen Wasserproben mit bekanntem Sauerstoffgehalt, die das Nachweisreagenz enthalten. Je höher die Sauerstoffkonzentration ist, desto intensiver ist die Färbung der Lösung. Nun nimmt man eine frische Wasserprobe mit dem gleichen Volumen und gibt die vorgegebene Reagenzmenge hinzu. Dann vergleicht man die Intensität der Farbe der Probe mit dem Reagenziensatz. Bei gleicher Intensität der Farbe kann man den Sauerstoffgehalt an der Vergleichsprobe ablesen.

5 Eine Maßlösung ist eine Lösung, die eine genau bestimmte Menge eines Stoffes enthält. Man kann sie nutzen, um die Konzentration eines unbekannten Stoffes in einer Lösung zu ermitteln. Dazu führt man eine Titration durch.

6 Bei der Chromatografie werden die Stoffe in einem Laufmittel gelöst und über eine stationäre Phase transportiert. Je schwächer der Stoff an der stationären Phase haftet, desto schneller und weiter wird er über das Papier transportiert. Werden gleichzeitig Vergleichsstoffe chromatografiert, können Stoffe qualitativ bestimmt werden.

7 a) Pflanzen benötigen zum Wachsen Nährstoffe. Diese nehmen sie mit dem Wasser aus dem Boden auf. Da durch die Ernte die Feldfrüchte und andere Pflanzenteile entfernt werden, verarmt der Boden mit der Zeit an Nährstoffen. Mit der Düngung werden diese wieder zugeführt.
   b)

```
   ┌──────────────────────┐
   │ Pflanzen wandeln     │
   │ Nitrat in andere     │ ◄─┐
   │ Stickstoff-Verbindun-│   │
   │ gen um.              │   │
   └──────────────────────┘   │
Pflanzen             Pflanzen │
sterben              nehmen   │
ab.                  Nitrat auf.
   ┌──────────────────────┐   │
   │ Im Boden entsteht    │   │
   │ aus den Stickstoff-  │───┘
   │ Verbindungen wieder  │
   │ Nitrat.              │
   └──────────────────────┘
```

8

qualitativ	quantitativ
Papierchromatografie	Kolorimetrie
Flammenfärbung	Maßanalyse

9 a) Calcium-Ionen + Sulfat-Ionen
   $\rightarrow$ Calciumsulfat
   $Ca^{2+} + SO_4^{2-} \rightarrow CaSO_4$

   b) Strontium-Ionen und Barium-Ionen bilden ebenfalls schwer lösliche Sulfate. Die Niederschläge sind dem von Calciumsulfat sehr ähnlich.

10 Nitrat ist nützlich, da es durch Einsatz in Düngemitteln in der Landwirtschaft die Ernteerträge sichert und so für die Ernährung der Weltbevölkerung sorgt. Allerdings gelangt mit der Düngung immer mehr Nitrat in das Grundwasser und gefährdet die Gesundheit von Mensch und Tier, da zu viel Nitrat eine giftige Wirkung hat.

11 $n_{HCl} = c_{HCl} \cdot V$
   $n_{HCl} = 0,5$ mol/l $\cdot$ 0,008 l
   $= 0,004$ mol
   $= n_{NaOH}$
   $c_{NaOH} = n_{NaOH} : V$
   $c_{NaOH} = 0,004$ mol : 0,025 l
   $= 0,16$ mol/l

12 Bei gleicher Masse des Eisenerzes kann man mehr Eisen aus Fe_3O_4 als aus Fe_2O_3 gewinnen, da der Anteil an Eisen im Verhältnis größer ist ($\frac{3}{4} > \frac{2}{3}$).
   Dies lässt sich auch rechnerisch zeigen:
   1 mol Fe_2O_3 hat die Masse:
   $m_{Fe2O3} = 2 \cdot m_{Fe} + 3 \cdot m_O$
   $= 2 \cdot 55,8$ g $+ 3 \cdot 16,0$ g
   $= 159,6$ g
   In 159,6 g Fe_2O_3 sind 2 mol Eisen enthalten. Um 1 mol Eisen zu gewinnen braucht man mindestens 159,6 g : 2 = 79,8 g Eisenerz.

1 mol Fe_3O_4 hat die Masse:

$$m_{Fe3O4} = 3 \cdot m_{Fe} + 4 \cdot m_0$$
$$= 3 \cdot 55{,}8\ g + 4 \cdot 16{,}0\ g$$
$$= 231{,}4\ g$$

In 231,4 g Fe_3O_4 sind 3 mol Eisen enthalten. Um 1 mol Eisen zu gewinnen braucht man mindestens 231,4 g : 3 = 77,1 g Erz.

2 Gefährliche Stoffe

1 Gefährliche Stoffe sind beispielsweise:

giftige Stoffe brennbare Stoffe explosive Stoffe

2 Ein giftiger Stoff greift in das Nervensystem oder den Stoffwechsel eines Lebewesens ein und kann so zu Schäden führen. Diese Schäden können sogar zum Tod führen.

3 Bei einer Explosion wird innerhalb einer kurzen Zeit eine große Menge an Energie frei, die an die Umgebung abgegeben wird. Die explosiven Ausgangsstoffe enthalten mehr chemische Energie als die Reaktionsprodukte.

4 Feuerwehrleute, Personal an Tankstellen, Sprengmeister/-in

5 Medikamente enthalten zum Teil Stoffe, die in größeren Dosen giftig sein können. Kleine Kinder könnten diese Medikamente verschlucken und so vergiftet werden.

6 Auf der Verpackung findet man Angaben, welche Stoffe genau enthalten sind. So kann der Arzt Rückschlüsse auf die Art und die Stärke der Vergiftung ziehen.

7 Botox ist ein sehr starkes Gift. Bei unsachgemäßer Anwendung kann es zu schweren Schäden führen. Deshalb sollten nur speziell ausgebildete Menschen damit arbeiten.

8 Bei Verbrennungen von kohlenstoffhaltigen Verbindungen kann Kohlenstoffmonooxid als Reaktionsprodukt entstehen. Dies geschieht zum Beispiel beim Verbrennen von Holzkohle oder Benzin. Kohlenstoffmonooxid ist ein giftiges Gas. In der menschlichen Blutbahn verhindert es den Sauerstofftransport und führt so zur Erstickung.

9 Die Flammtemperatur gibt die Temperatur an, bei der sich oberhalb eines flüssigen Stoffes so viel Gas gebildet hat, dass es sich entzünden lässt.

10 Der Arbeitsplatz-Grenzwert ist ein Durchschnittswert, der über einen Zeitraum von 5 Tagen mit je 8 Arbeitsstunden ermittelt wird. Somit kann der Grenzwert zu bestimmten Zeiten kurzfristig überschritten werden, wenn dafür zu anderen Zeiten der Wert deutlich unter dem Grenzwert liegt.

11 In vielen Sprengstoffen sind Stickstoff-Verbindungen enthalten. Um die Sprengstoffherstellung für kriegswichtige Waffen in Deutschland einzuschränken oder zu verhindern, versuchte man, die Einfuhr von Stickstoff-Verbindungen zu verhindern.

3 Stoffe im Fokus von Klima und Umwelt

1 Zu den fossilen Brennstoffen zählen Kohle, Erdöl und Erdgas. Kohle entstand aus abgestorbenen Pflanzen, Erdöl und Erdgas entstanden aus kleinsten Meereslebewesen (Plankton).

2 Der Mensch nutzt fossile Energieträger zum Heizen, um Fahrzeuge anzutreiben oder um elektrische Energie zu erzeugen.

3 Bei der Verbrennung fossiler Brennstoffe entsteht immer Kohlenstoffdioxid CO_2.

4 Mögliche Folgen des Klimawandels sind:
 – Dürrekatastrophen
 – heftigere Unwetter
 – Das Eis an den Polen und in hochgelegenen Gletschergebieten schmilzt.
 – Der Meeresspiegel steigt an.
 – Die Wetterextreme nehmen zu.

5 Regenerative Energien sind:
 – Sonnenenergie (Fotovoltaik)
 – Windenergie
 – Energie aus Wasserkraft
 – Energie aus Biomasse
 – Gezeitenenergie
 – Erdwärme

6 Energieträger, Treibhauseffekt, Weltklimakonferenz, Kohlenstoffkreislauf, Klimawandel

7   Wir nutzen gespeicherte Sonnenenergie, weil die Kohlenstoff-Verbindungen in den fossilen Brennstoffen mithilfe der Sonnenenergie durch die Fotosynthese der Pflanzen aufgebaut wurden.

8   Beim natürlichen Treibhauseffekt verursachen die Treibhausgase in unserer Atmosphäre eine natürliche Erwärmung der Erde. Der Mensch sorgt durch sein Verhalten dafür, dass sich immer mehr Treibhausgase in der Atmosphäre befinden und dieser Treibhauseffekt zunimmt. Dies nennt man den anthropogenen Treibhauseffekt.

9   Siehe Bild 1.

10 Die Aufforstung von Wäldern führt zu einer Kohlenstoffsenke, weil die Bäume beim Wachstum Fotosynthese betreiben. Mithilfe des Kohlenstoffdioxids aus der Luft bauen sie die Kohlenstoff-Verbindungen auf, aus denen die Bäume bestehen. Der Kohlenstoff bleibt in den Bäumen gebunden, bis diese verrotten oder verbrannt werden.

11 Der vermehrte Einsatz regenerativer Energieträger ist sinnvoll, weil die fossilen Brennstoffe nur noch eine begrenzte Zeit zur Verfügung stehen werden. Außerdem entsteht bei der Verbrennung der fossilen Brennstoffe Kohlenstoffdioxid, das zum Klimawandel beiträgt.

12 Man kann dem anthropogenen Treibhauseffekt entgegenwirken indem man:
    – keine fossilen Brennstoffe mehr verwendet, sondern regenerative Energieträger
    – Energie insgesamt einspart durch z. B. sparsamere Geräte
    – Wälder aufforstet oder durch andere Methoden Kohlenstoffdioxid aus der Luft entfernt

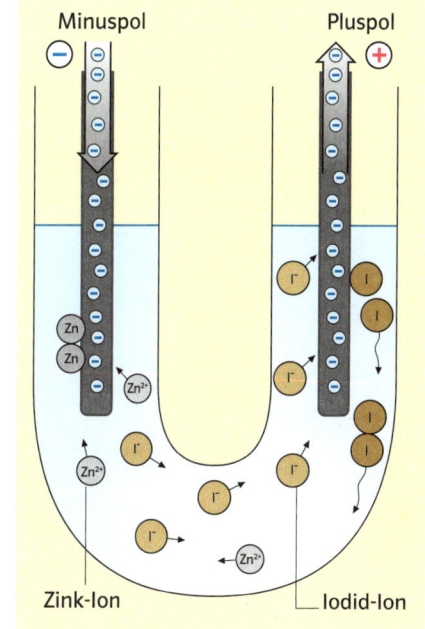

2 Lösung zu Aufgabe 2

13 Manche Menschen leugnen, dass es den Klimawandel gibt. Sie tun dies vielleicht, weil sie ihren Lebenswandel (ihr Konsumverhalten) nicht ändern möchten. Sie glauben lieber anderen Erklärungen für die klimatischen Veränderungen.

4 Mobile Energieträger

1   Bei der Nutzung einer Batterie wird die chemische Energie energiereicher Stoffe in elektrische Energie umgewandelt.

2   Die Lösung findest du in Bild 2.

3   Die Elektrolyse ist eine endotherme Reaktion, weil elektrische Energie zugeführt werden muss, damit die Reaktion abläuft.

4   In der Spannungsreihe sind die Metalle folgendermaßen geordnet:

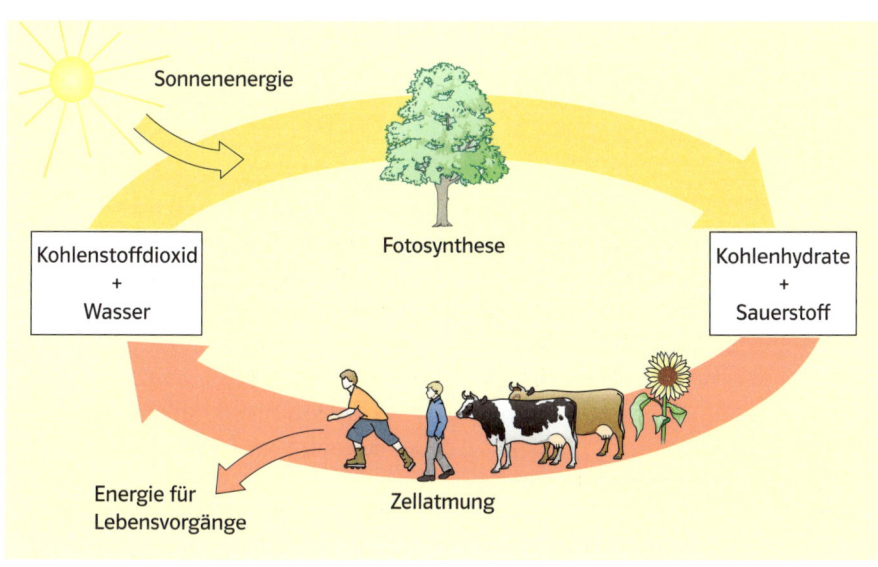

1 Zu Aufgabe 9

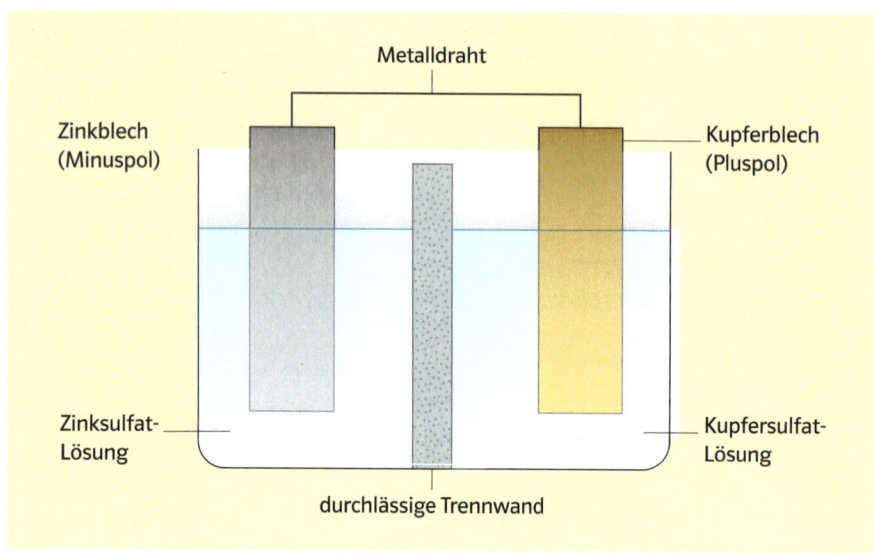

Metalldraht

Zinkblech
(Minuspol)

Kupferblech
(Pluspol)

Zinksulfat-
Lösung

Kupfersulfat-
Lösung

durchlässige Trennwand

3 Zu Aufgabe 5a

Kupfer – Eisen – Zink
Kupfer ist das edelste Metall,
Zink das unedelste. Das Bestreben zur Elektronenabgabe
nimmt von links nach rechts zu.

5   a) Die Lösung findest du in
Bild 3.
b) Wenn das Zinkblech mit dem
Kupferblech über einen Draht
verbunden wird, geben Zink-
Atome des Zinkblechs Elektro-
nen ab und es entstehen Zink-
Ionen. Die Zink-Ionen gehen
in die Zinksulfat-Lösung über.
Die Elektronen fließen vom
Zinkblech zum Kupferblech. Am
Kupferblech nehmen Kupfer-
Ionen aus der Kupfersulfat-Lö-
sung Elektronen auf. Es bilden
sich Kupfer-Atome, die sich auf
dem Kupferblech absetzen.

6   Batterien und Akkus werden
gesammelt, weil man aus ihnen
wertvolle Stoffe zurückgewinnen kann. Auch enthalten sie
Gefahrstoffe, die nicht in die
Umwelt gelangen dürfen.

7   Braunstein ist der Reaktionspartner des Zinks in einer
Alkali-Mangan-Batterie. Die
Zink-Atome geben beim Betreiben eines elektrischen Gerätes
Elektronen ab. Diese fließen
durch den Energiewandler über
den Pluspol zum Braunstein,
der die Elektronen aufnimmt.

8   Ein Elektronenübergang kann
als elektrischer Strom genutzt
werden, wenn die Elektronenabgabe und die Elektronenaufnahme räumlich getrennt ablaufen. Die Elektronen müssen
also gezwungen werden, durch
den Verbraucher, einen Energiewandler, zu fließen.

9   Bei Redoxreaktionen findet ein
Elektronenübergang statt. Ein
Partner gibt dabei Elektronen
ab, er ist der Donator. Der andere Partner nimmt die Elektronen auf, er ist der Akzeptor.
Je unedler ein Metall ist, desto
leichter gibt es Elektronen ab.
Weil Zink unedler ist als Silber,
ist Zink der Donator. Silber ist
edler als Zink und nimmt die
Elektronen auf. Silber ist also
der Akzeptor.

10 In einem galvanischen Element findet bei der Entnahme
elektrischen Stroms mithilfe
einer chemischen Reaktion
eine Energieumwandlung von
chemischer Energie der energiereichen Stoffe des galvanischen Elements in elektrische
Energie statt. In einem Akkumulator ist die chemische Reaktion
umkehrbar, die bei der Stromentnahme abläuft. Mithilfe
des elektrischen Stroms werden
wieder die energiereichen
Stoffe des Akkumulators hergestellt.

11 Bei der Elektrolyse einer
Zinkiodid-Lösung wandern die
positiv geladen Zink-Ionen zur
negativ geladen Elektrode, dem
Minuspol, und nehmen dort
Elektronen auf. Eine Reaktion,
bei der Elektronen aufgenom-
men werden, bezeichnet man
als Reduktion.
Minuspol: $Zn^{2+} + 2\,e^- \longrightarrow Zn$
Die negativ geladenen Iodid-
Ionen wandern zur positiv
geladenen Elektrode, dem
Pluspol. Die Iodid-Ionen geben
Elektronen an den Pluspol ab.
Eine Reaktion, bei der Elektro-
nen abgegeben werden, nennt
man Oxidation.
Pluspol: $2\,I^- \longrightarrow 2\,I + 2\,e^-$
(Die Iod-Atome bilden Iod-Mole-
küle: $2\,I \longrightarrow I_2$)

12 Akkus für Elektrofahrzeuge
sollten viel Energie speichern
können, um möglichst hohe

Reichweiten für die Fahrzeuge zu ermöglichen. Sie sollten außerdem schnell aufladbar sein, damit keine Wartezeiten beim Laden entstehen. Man sollte die Akkus ohne Qualitätsverlust häufig laden und entladen können. Auch das Gewicht des Akkus spielt in Elektrofahrzeugen eine Rolle. Der Akku sollte möglichst leicht sei, da leichte Autos beim Fahren weniger Energie verbrauchen als schwere. Ein günstiger Preis des Akkus sorgt dafür, dass der Kauf von Elektrofahrzeugen attraktiver wird.

13 Minuspol, Oxidation:
$2 H_2 \longrightarrow 4 H^+ + 4 e^-$
Pluspol, Reduktion:
$O_2 + 4 H^+ + 4 e^- \longrightarrow 2 H_2O$

14 In einer Brennstoffzelle reagieren Wasserstoff und Sauerstoff zu Wasser. Dabei wird ein elektrischer Strom erzeugt. Zur Herstellung des Wasserstoffs kann man erneuerbare Energiequellen nutzen: Mit der elektrischen Energie aus Solarzellen oder Windrädern lässt sich Wasserstoff durch die Elektrolyse von Wasser gewinnen. Die elektrische Energie wird dabei in chemische Energie umgewandelt. Die elektrische Energie aus erneuerbaren Energiequellen kann also in Form von Wasserstoff gespeichert werden.

Stichwortverzeichnis

Chemische Elemente

Elementname	Symbol	Ordnungszahl	Atommasse in u	Dichte in g/cm³ ¹⁾ (Gase in g/l)	Schmelztemperatur in °C	Siedetemperatur in °C
Actinium	Ac	89	227,0278	10,10	1050	3200
Aluminium	Al	13	26,9815	2,70	660	2467
Antimon	Sb	51	121,7570	6,68	630	1750
Argon	Ar	18	39,9480	1,66	−189	−186
Arsen	As	33	74,9216	5,72	613 s	817 p
Astat	At	85	210,0000	−	302	337
Barium	Ba	56	137,3300	3,51	725	1640
Beryllium	Be	4	9,0122	1,85	1278	2970
Bismut	Bi	83	208,9804	9,8	271	1560
Blei	Pb	82	207,2000	11,35	327	1750
Bor	B	5	10,8110	2,34	2300	2550 s
Brom	Br	35	79,9040	3,12	−7	59
Cadmium	Cd	48	112,4100	8,65	321	765
Caesium	Cs	55	132,9054	1,88	28	669
Calcium	Ca	20	40,0780	1,54	839	1484
Cer	Ce	58	140,1200	6,65	799	3426
Chlor	Cl	17	35,4530	2,95	−101	−35
Chrom	Cr	24	51,9961	7,20	1857	2672
Cobalt	Co	27	58,9332	8,9	1495	2930
Eisen	Fe	26	55,8470	7,87	1535	2861
Fluor	F	9	18,9984	1,58	−219	−188
Francium	Fr	87	223,0000		27	677
Gallium	Ga	31	69,7230	5,90	30	2403
Germanium	Ge	32	72,6000	5,32	937	2830
Gold	Au	79	196,9665	19,32	1064	2856
Hafnium	Hf	72	178,4900	13,3	2227	4602
Helium	He	2	4,0026	0,18	−272 p	−269
Indium	In	49	114,8180	7,30	156	2080
Iod	I	53	126,9045	4,93	113	184
Iridium	Ir	77	192,2200	22,41	2410	4130
Kalium	K	19	39,0983	0,86	63	760
Kohlenstoff	C	6	12,0110	2,25 ²⁾	3700 s ²⁾	4830
Krypton	Kr	36	83,8000	3,48	−157	−152
Kupfer	Cu	29	63,5460	8,92	1083	2600
Lanthan	La	57	138,9055	6,17	921	3457
Lithium	Li	3	6,9410	0,53	180	1342
Magnesium	Mg	12	24,3050	1,74	649	1107
Mangan	Mn	25	54,9380	7,20	1244	1962
Molybdän	Mo	42	95,9400	10,2	2610	5560
Natrium	Na	11	22,9898	0,97	98	883
Neon	Ne	10	20,1790	0,84	−249	−246
Nickel	Ni	28	58,6934	8,90	1455	2730

Elementname	Symbol	Ordnungszahl	Atommasse in u	Dichte in g/cm³ [1] (Gase in g/l)	Schmelztemperatur in °C	Siedetemperatur in °C
Niob	Nb	41	92,9064	8,57	2468	4742
Osmium	Os	76	190,2300	22,5	2700	5300
Palladium	Pd	46	106,4000	12,0	1554	2970
Phosphor	P	15	30,9738	1,82 [3]	44 [3]	280
Platin	Pt	78	195,0800	21,45	1770	3825
Polonium	Po	84	209,0000	9,4	254	962
Praseodym	Pr	59	140,9077	6,77	931	3512
Protactinium	Pa	91	231,0358	15,4	–	–
Quecksilber	Hg	80	200,5900	13,6	–39	357
Radium	Ra	88	226,0254	5,0	700	1140
Radon	Rn	86	222,0000	9,23	–71	–62
Rhenium	Re	75	186,2070	20,5	3180	5627
Rhodium	Rh	45	102,9055	12,4	1966	3727
Rubidium	Rb	37	85,4678	1,53	39	686
Ruthenium	Ru	44	101,0700	12,3	2310	3900
Sauerstoff	O	8	15,9994	1,33	–219	–183
Scandium	Sc	21	44,9559	3,0	1541	2831
Schwefel (rhomb.)	S	16	32,0660	2,07	113	444
Schwefel (monokl.)	S	16	32,0660	1,96	119	444
Selen	Se	34	78,9600	4,81	217	685
Silber	Ag	47	107,8680	10,5	962	2162
Silicium	Si	14	28,0855	2,32	1410	2355
Stickstoff	N	7	14,0067	1,17	–210	–196
Strontium	Sr	38	87,6200	2,60	769	1384
Tantal	Ta	73	180,9479	16,6	2996	5425
Technetium	Tc	43	98,9062	11,5	2172	4877
Tellur	Te	52	127,6000	6,0	449	990
Thallium	Tl	81	204,3700	11,8	303	1457
Thorium	Th	90	232,0381	11,7	1750	4790
Titan	Ti	22	47,8800	4,51	1660	3287
Uran	U	92	238,0290	19,0	1132	3818
Vanadium	V	23	50,9415	5,96	1890	3380
Wasserstoff	H	1	1,0079	0,083	–259	–253
Wolfram	W	74	183,8400	19,3	3410	5660
Xenon	Xe	54	131,3000	5,49	–112	–107
Yttrium	Y	39	88,9059	4,47	1522	3338
Zink	Zn	30	65,3900	7,14	419	907
Zinn	Sn	50	118,7100	7,30	232	2600
Zirconium	Zr	40	91,2240	6,49	1852	4377

1) Dichteangaben für 20 °C und 1013 hPa
2) Angaben gelten für Graphit; Diamant: Schmelztemp. 3550, Dichte 3,51
3) Angaben gelten für weißen Phosphor; roter Phosphor: Schmelztemp. 590 p, Dichte 2,34

s = sublimiert
p = unter Druck
– = Werte nicht bekannt

Erläuterungen zu den Abbildungen im PSE

Ordnungszahl	Elementsymbol	Beschreibung der Abbildung
1	H	**Wasserstoff** wird in Stahlflaschen mit roter Flaschenschulter aufbewahrt.
2	He	**Helium** wird in Stahlflaschen mit brauner Flaschenschulter aufbewahrt.
3	Li	**Lithium** wird wegen seiner hohen Reaktionsfähigkeit unter Paraffinöl aufbewahrt.
4	Be	elementares **Beryllium**
5	B	elementares **Bor**
6	C	**Kohlenstoff** in der Erscheinungsform Graphit
7	N	**Stickstoff** wird in Stahlflaschen mit schwarzer Flaschenschulter aufbewahrt.
8	O	**Sauerstoff** wird in Stahlflaschen mit weißer Flaschenschulter aufbewahrt.
9	F	**Fluor** wird in Stahlflaschen mit gelber Flaschenschulter aufbewahrt.
10	Ne	**Neon** erzeugt bei der elektrischen Entladung in Leuchtstoffröhren rotes Licht.
11	Na	**Natrium** wird wegen seiner hohen Reaktionsfähigkeit unter Paraffinöl aufbewahrt.
12	Mg	**Magnesium**band
13	Al	**Aluminium**folie wird als Verpackungsmaterial für Lebensmittel verwendet.
14	Si	**Silicium** ist der Grundbestandteil in Mikrochips.
15	P	schwarzer und weißer **Phosphor**
16	S	**Schwefel** in Stangenform
17	Cl	**Chlor** ist gelbgrün und besitzt eine bleichende Wirkung.
18	Ar	**Argon** erzeugt bei der elektrischen Entladung in Leuchtstoffröhren blaues Licht.
19	K	**Kalium** wird wegen seiner hohen Reaktionsfähigkeit unter Paraffinöl aufbewahrt.
20	Ca	elementares **Calcium**
21	Sc	elementares **Scandium**
22	Ti	Künstliche Hüftgelenke sind zumeist aus **Titan**.
23	V	**Vanadium** ist als Legierungsbestandteil in Werkzeugen enthalten.
24	Cr	Sanitär-Armaturen werden häufig mit einer **Chrom**schicht überzogen.
25	Mn	**Mangan**haltiger Stahl (z. B. für technische Federn) hat eine große Härte und Festigkeit.
26	Fe	Nägel sind oft aus **Eisen**.
27	Co	In Rasierklingen (verschleißfestes Schneiden) ist **Cobalt** als Legierungsbestandteil enthalten.
28	Ni	In wiederaufladbaren Nickel-Metallhydrid-Akkumulatoren dienen **Nickel**verbindungen als Anode.
29	Cu	**Kupfer**draht
30	Zn	**Zink**beschichtung z. B. auf Gießkannen dienen als Rostschutz.
31	Ga	**Gallium** ist bei Raumtemperatur zähflüssig.
32	Ge	Wegen ihres hohen Brechungsindexes werden **Germanium**verbindungen dem Glas von optischen Linsen beigemengt.
33	As	**Arsen** ist als Arsen-Gallium-Legierung in Leuchtdioden enthalten. Dort ist es für die rote Farbe verantwortlich.
34	Se	**Selen** ist in Selen-Hefe-Tabletten enthalten, welche die Regenerierung von Haut, Haaren und Nägeln fördern.

Ordnungszahl	Elementsymbol	Beschreibung der Abbildung
35	Br	**Brom** besitzt eine braungelbe Farbe. Es liegt bei Raumtemperatur als Flüssigkeit und Gas vor.
36	Kr	**Krypton** ist als Füllgas in vielen Glühlampen enthalten.
37	Rb	**Rubidium** wird wegen seiner hohen Reaktionsfähigkeit in zugeschmolzenen Glasröhrchen aufbewahrt.
38	Sr	**Strontium** wird wegen seiner hohen Reaktionsfähigkeit unter Paraffinöl aufbewahrt.
39	Y	**Yttrium**verbindungen verursachen die rote Farbe in manchen Lasern.
40	Zr	**Zirconium** verbrennt unter hellem Leuchten und wird deshalb in Blitzlampen eingesetzt.
41	Nb	**Niob** wird als Legierungsbestandteil in chirurgischen Geräten (z. B. Arztscheren) verwendet.
42	Mo	**Molybdän** wird als Anodenwerkstoff in Elektronenröhren (z. B. Bildröhren) verwendet.
43	Tc	radioaktives **Technetium**
44	Ru	**Ruthenium**legierungen sind besonders hart. Sie werden deshalb z. B. für Federn von Füllfederhaltern verwendet.
45	Rh	**Rhodium** dient als Beschichtungsmaterial für medizinische Geräte (z. B. Mundspiegel beim Zahnarzt).
46	Pd	Zahnkronen bestehen meist aus **Palladium**-Gold-Legierungen.
47	Ag	Silberbesteck besteht aus einer **Silber**legierung oder ist mit einer Silberschicht überzogen.
48	Cd	**Cadmium** bildet die Kathode in wiederaufladbaren Nickel-Cadmium-Akkumulatoren.
49	In	**Indium**verbindungen werden vor allem in der Halbleiterindustrie z. B. zur Herstellung von Transistoren eingesetzt.
50	Sn	Konservendosen (Weißblech) bestehen aus **Zinn**legierungen.
51	Sb	**Antimon**-Blei-Schmelzen dehnen sich beim Erstarren aus. Sie dienen als Gusswerkstoffe für Bleilettern.
52	Te	**Tellur** wird bei der Herstellung von Autoreifen zur Vulkanisierung benötigt.
53	I	**Iod** ist schwarzviolett und sublimiert bei Raumtemperatur zu violettem Ioddampf.
54	Xe	**Xenon** wird als Füllgas für Hochdrucklampen verwendet.
55	Cs	**Caesium** wird wegen seiner hohen Reaktionsfähigkeit in zugeschmolzenen Glasröhrchen aufbewahrt.
56	Ba	**Barium** wird wegen seiner hohen Reaktionsfähigkeit unter Paraffinöl aufbewahrt.
72	Hf	elementares **Hafnium**
73	Ta	Aufgrund seiner chemischen Widerstandsfähigkeit wird **Tantal** in Kondensatoren verwendet.
74	W	Wegen seiner hohen Schmelztemperatur wird **Wolfram** als Glühdraht in Glühlampen verwendet.
75	Re	Wegen seiner hohen Schmelztemperatur wird **Rhenium** als Glühdraht in elektrischen Feuerzeugen verwendet.
76	Os	**Osmium** wird gerne als Platin-Legierungsbestandteil, z. B. für Kompassnadeln, verwendet.
77	Ir	Viele chirurgische Geräte (z. B. Injektionsnadeln) bestehen aus **Iridium**legierungen.
78	Pt	Die Hohlräume des Autoabgaskatalysators sind oft mit **Platin** beschichtet. Platin wirkt als Katalysator.
79	Au	**Gold**barren
80	Hg	**Quecksilber** wird zur Füllung von vielen Flüssigkeitsthermometern verwendet.
81	Tl	**Thallium** ist sehr giftig und fruchtschädigend. Es wird daher in einem verschlossenen Gefäß aufbewahrt.
82	Pb	**Blei** bildet in Autoakkus die Anode.
83	Bi	**Bismut** wird als Schmelzdraht in Schmelzsicherungen verwendet.

Periodensystem der Elemente

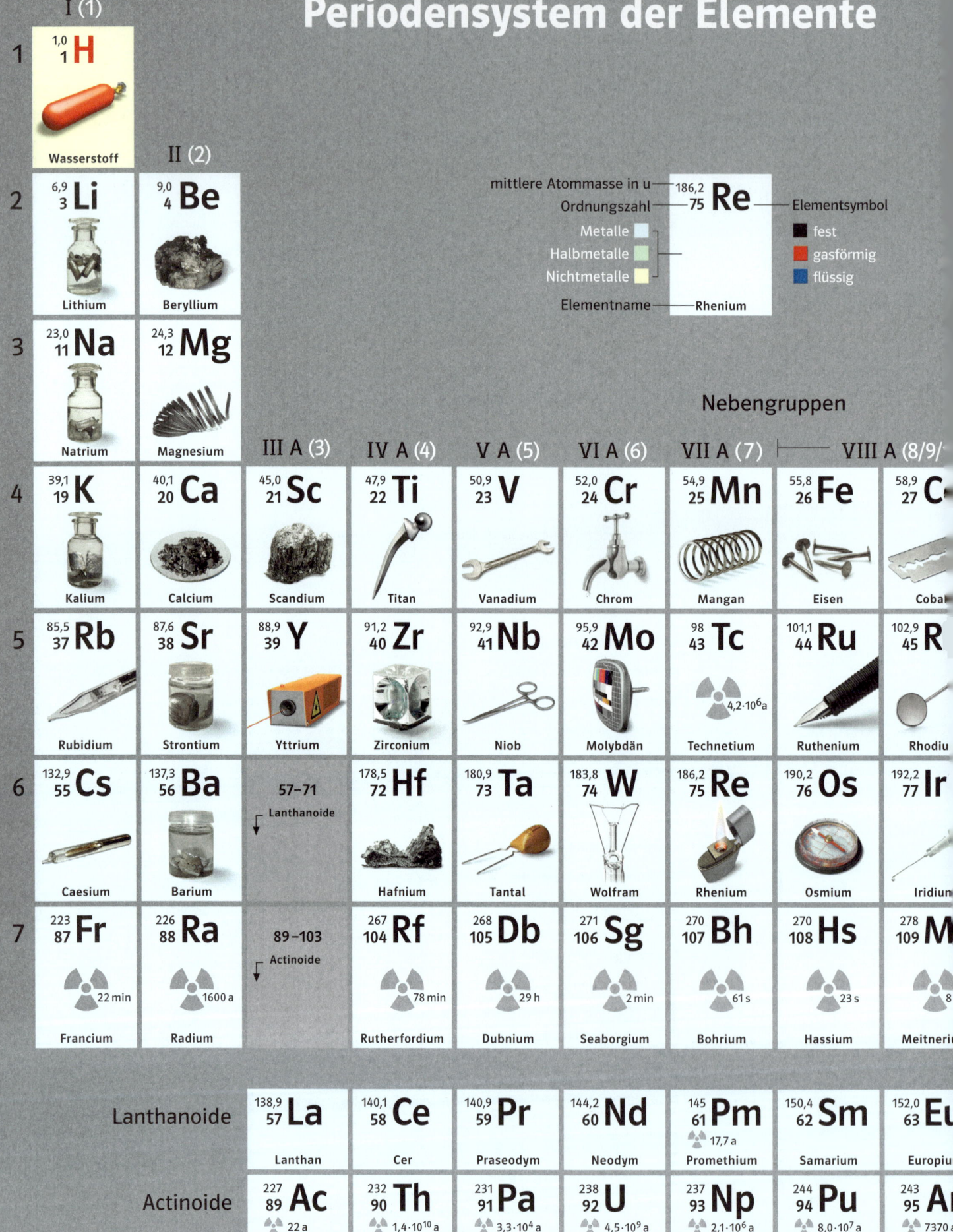

Legend:

Ds — Nukleonenzahl des langlebigsten Isotops
— radioaktives Element
13 s — Halbwertszeit des langlebigsten Isotops
...tadtium

	I A (11)	II A (12)	III (13)	IV (14)	V (15)	VI (16)	VII (17)	VIII (18)
								$^{4,0}_{2}$ **He** — Helium
			$^{10,8}_{5}$ **B** — Bor	$^{12,0}_{6}$ **C** — Kohlenstoff	$^{14,0}_{7}$ **N** — Stickstoff	$^{16,0}_{8}$ **O** — Sauerstoff	$^{19,0}_{9}$ **F** — Fluor	$^{20,2}_{10}$ **Ne** — Neon
			$^{27,0}_{13}$ **Al** — Aluminium	$^{28,1}_{14}$ **Si** — Silicium	$^{31,0}_{15}$ **P** — Phosphor	$^{32,1}_{16}$ **S** — Schwefel	$^{35,5}_{17}$ **Cl** — Chlor	$^{39,9}_{18}$ **Ar** — Argon
Ni — ...ickel	$^{63,5}_{29}$ **Cu** — Kupfer	$^{65,4}_{30}$ **Zn** — Zink	$^{69,7}_{31}$ **Ga** — Gallium	$^{72,6}_{32}$ **Ge** — Germanium	$^{74,9}_{33}$ **As** — Arsen	$^{79,0}_{34}$ **Se** — Selen	$^{79,9}_{35}$ **Br** — Brom	$^{83,8}_{36}$ **Kr** — Krypton
Pd — ...adium	$^{107,9}_{47}$ **Ag** — Silber	$^{112,4}_{48}$ **Cd** — Cadmium	$^{114,8}_{49}$ **In** — Indium	$^{118,7}_{50}$ **Sn** — Zinn	$^{121,8}_{51}$ **Sb** — Antimon	$^{127,6}_{52}$ **Te** — Tellur	$^{126,9}_{53}$ **I** — Iod	$^{131,3}_{54}$ **Xe** — Xenon
Pt — ...latin	$^{197,0}_{79}$ **Au** — Gold	$^{200,6}_{80}$ **Hg** — Quecksilber	$^{204,4}_{81}$ **Tl** — Thallium	$^{207,2}_{82}$ **Pb** — Blei	$^{209,0}_{83}$ **Bi** — Bismut (10^{19} a)	$^{209}_{84}$ **Po** — Polonium (102 a)	$^{210}_{85}$ **At** — Astat (8,3 h)	$^{222}_{86}$ **Rn** — Radon (3,8 d)
Ds — ...stadtium (13 s)	$^{281}_{111}$ **Rg** — Roentgenium (26 s)	$^{285}_{112}$ **Cn** — Copernicium (29 s)	$^{286}_{113}$	$^{289}_{114}$ **Fl** — Flerovium (0,97 s)	$^{289}_{115}$	$^{293}_{116}$ **Lv** — Livermorium (0,053 s)	$^{293}_{117}$	$^{294}_{118}$

Gd — ...dolinium	$^{158,9}_{65}$ **Tb** — Terbium	$^{162,5}_{66}$ **Dy** — Dysprosium	$^{164,9}_{67}$ **Ho** — Holmium	$^{167,3}_{68}$ **Er** — Erbium	$^{168,9}_{69}$ **Tm** — Thulium	$^{173,0}_{70}$ **Yb** — Ytterbium	$^{175,0}_{71}$ **Lu** — Lutetium
Cm — ...urium ($1,6 \cdot 10^{7}$ a)	$^{247}_{97}$ **Bk** — Berkelium (1380 a)	$^{251}_{98}$ **Cf** — Californium (898 a)	$^{252}_{99}$ **Es** — Einsteinium (472 d)	$^{257}_{100}$ **Fm** — Fermium (101 d)	$^{258}_{101}$ **Md** — Mendelevium (52 d)	$^{259}_{102}$ **No** — Nobelium (58 min)	$^{262}_{103}$ **Lr** — Lawrencium (3,6 h)

Bildnachweis